Gerd Ulrich, Frank Förster

Tafeltrauben

für den Hausgarten

3., aktualisierte Auflage

52 Farbfotos
18 Zeichnungen

Ulmer

Inhalt

‘Belorosowie’, eine wenig bekannte russische frühe Sorte

Vorwort

Die Weinbauliteratur für den Winzer ist zahlreich. Umso geringer ist diese für den Tafeltraubenanbau im Hausgarten.

Die Verfasser haben sich bemüht, Fachbegriffe, wenn nötig, so selten als möglich zu verwenden und durch gärtnerische Begriffe zu ersetzen. Wo es unumgänglich war, werden diese Fachbegriffe im Serviceteil auf den Seiten 116/117 erläutert.

Reben erreichen in Deutschland ihre Anbaugrenze. Die nördlichsten Vorposten der Weinbaugebiete sind die Flusstäler der Ahr, der Elbe und von Saale-Unstrut. In diesen nördlichen Anbaugebieten verursachen Winterfröste und kühles, regnerisches Blühwetter im Juni mitunter erhebliche Ausfälle.

Die derzeitige Klimaerwärmung arbeitet deshalb für den Winzer und den Kleingärtner.

Dennoch sind die natürlichen Standortvoraussetzungen, zumal außerhalb der Anbaugebiete, für den Erfolg entscheidend. Deshalb befasst sich ein Kapitel mit „Erfolgsvoraussetzungen“.

Dazu zählt auch die Sortenwahl. Leider hat die erfolgreiche deutsche Weinbauwissenschaft den Tafeltrauben bisher wenig Aufmerksamkeit geschenkt. Zu den Keltersorten, die aufgrund der Beeren- und Traubengröße als Tafeltrauben geeignet sind, sind am ehesten fundierte Aussagen möglich. Erst in jüngster Zeit befasst sich die Weinwissenschaft intensiver mit Tafeltrauben. In südlichen Ländern haben Tafeltrauben schon immer eine wichtige wirtschaftliche Rolle gespielt.

In Deutschland zählt der Tafeltraubenanbau, was fachlich nicht einzusehen ist, zum Obstbau. Das hat für die Winzer Vor- und Nachteile.

Auch wenn es verlockend sein mag, Sorten aus südlichen Ländern im eigenen Garten zu probieren, wird davon abgeraten; ihre Wärmebedürftigkeit ist zu groß und ihre Winterfrostfestigkeit zu gering, um Erfolg zu bringen. Am ehesten gelingt das noch, wenn sie als einräumbare Kübelrebe gezogen werden.

Selbst wenn heute fast das ganze Jahr Importtrauben angeboten werden, wird das den Gartenliebhaber nicht abhalten, Reben zu pflanzen. Umweltfreundliche, wenig bis nicht gespritzte Trauben sind der Lohn. Wer Freude daran hat, Obst und Gemüse im eigenen Garten zu ziehen, wird das eigene Rebenspalier mit Liebe und Genuss pflegen.

Der Gesundheitsaspekt der Traube und des maßvollen Weingenusses sind wertvoll und Spaliere und Pergolen mit Reben besitzen am Haus und im Garten hohen gestalterischen Wert.

Gerd Ulrich und Frank Förster
im Frühjahr 2016

Voraussetzungen

Tafeltrauben im Hausgarten?

In einem Zeitalter, in dem sich in Deutschland auch der Durchschnittsbürger ganzjährig in Gemüse- und Obstgeschäften Tafeltrauben aus aller Herren Länder kaufen kann, sind da Tafeltrauben im Hausgarten noch zeitgemäß?

Fragen wir anders: Verzichtet der Gartenfreund auf Sommerblumen, auf Stauden, auf Zwiebelgewächse, weil Holland allmächtig den Blumenmarkt beherrscht? Oder, verzichtet der Gartenfreund auf seine selbst geernteten 'James Grieve' oder 'Gräfin von Paris', weil es Äpfel und Birnen preiswert im Supermarkt zu kaufen gibt? Sicher nicht. Es ist eher umgekehrt, dass die Freude am Selbstgeernteten wächst. Das zunehmende Umweltbewusstsein verstärkt die Skepsis gegen Obst aus Intensivanlagen unbekannter Herkunft.

Ganz ohne Chemie geht es allerdings auch im Hausgarten nicht. Wer will schon madige Äpfel oder mehltaubefallene Trauben verzehren?

Die weltweit gewachsene Mobilität bewirkt, dass der Gartenfreund sich an Früchten versuchen kann, die er vor Jahrzehnten nicht einmal dem Namen nach kannte.

Das beste Beispiel ist die Chinesische Stachelbeere, die Kiwifrucht. Vor Jahrzehnten nur in China bekannt, hat die Frucht von Neuseeland aus unter dem Namen Kiwi, dem Nationalvogel Neuseelands, den Siegeszug um die ganze Welt gemacht. Jetzt kann sich der Gartenfreund in klimatisch bevorzugten Gegenden, im Weinbauklima, mit ihrem Anbau versuchen.

Tafeltrauben dagegen sind alt in unseren Gärten. Doch das Wissen um die Pflanzung, Pflege und Kultur der Rebe ist erschreckend gering geworden, was ungepflegte, verwilderte Spaliere allerorts beweisen. Je weiter man von einem Weinbaugebiet entfernt ist, umso deutlicher tritt dies in Erscheinung.

Tafeltrauben waren bei unseren Vorfahren auf der Tafel Vorzeigeobst, mit dem der Hausherr sein Können bewies. Diese Faszination, die von den südlich wirkenden Tafeltrauben ausgeht, ist auch uns noch gegenwärtig und Freude und Stolz sind natürlich am größten, wenn man diese selbst gezogen hat.

Die Tafeltraubenkultur hat in Belgien, Holland und Großbritannien mehrhundertjährige Tradition. Ihre berühmteste Sorte ist zweifellos 'Black Hamburg' aus der Familie der Trollinger.

Selbst zum Königsschloss von Versailles gehörten Treibhäuser für Tafeltrauben und jeder deutsche Fürst im Zeitalter des Absolutismus, der etwas auf sich hielt, ahmte Versailles nach. Berühmtestes Beispiel sind die künstlich aufgeschütteten und verglasten Weinterrassen von Sanssouci in Potsdam.

Südliches Flair für den Hausgarten

Der Hobbygärtner kann die Tafeltraubenkultur unter Glas oder im Kübel aus mehreren Gründen selten im gewünschten Umfang praktizieren. Eine ungleich größere Bedeutung hat die Kultur am Spalier oder an der Pergola.

'Mitschurinski', eine russische frühe, sehr frostfeste Tafeltraube

Gemessen am Gesamtimport, immerhin 360 000 t/Jahr in Deutschland, ist die Traubenernte aus Hausgärten wirtschaftlich ohne Bedeutung. Sie kann auch nur schwer geschätzt werden, obwohl die Menge nicht unerheblich scheint.

Der Wert des Rebenanbaus liegt mehr im ideellen Bereich und vor allem im gestalterischen. Wer ist nicht stolz und freut sich, wenn Nachbarn oder Spaziergänger feststellen, dass es in diesem Garten wie im Süden aussieht oder Gäste ungläubig auf die Obstschale blicken und äußern, solche Trauben könne es doch nur im Süden geben.

Traubenspaliere schaffen Gartenräume, verdecken hässliche Mauern, schützen Sitzplätze vor neugierigen Blicken, gliedern Hauswände und Giebel. Pergolen verhelfen zu schattigen Ruheplätzen und erweitern Wohnräume ins Grüne. Diese ästhetischen Gesichtspunkte der Gartengestaltung sind genauso wertvoll wie die rein praktischen der Erzeugung von Tafeltrauben.

Frische, rückstandsfreie Trauben für die Gesundheit

Gartenfreunde schätzen beispielsweise den hohen Vitamin-C-Gehalt der Schwarzen Johannisbeere. Die Traube besticht vor allem wegen ihres hohen Mineralstoffgehaltes. Dabei ist sie eine der wenigen Früchte mit einem sehr hohen Mineralstoffgehalt, vor allem Kalium. Trauben enthalten kaum Fett, sind arm an Eiweiß; der Trauben- und Fruchtzucker ist harmonisch mit der Äpfel- und Weinsäure gepaart, sodass Trauben den Stoffwechsel kaum belasten.

Das vorteilhafte Kalium-Natrium-Verhältnis ist diätetisch besonders

Bestandteile und Inhaltsstoffe der Trauben (nach Souci et al. 1981)

100 g Trauben bestehen aus	
Wasser	79,10 bis 82,00 g
Eiweiß	0,50 bis 0,90 g
Fett	0,40 bis 0,50 g
Kohlenhydraten	16,00 bis 17,00 g
Rohfaser	0,48 bis 0,58 g
Mineralstoffe	
Natrium	0,50 bis 5,00 mg
Kalium	160 bis 250 mg
Magnesium	15 mg
Kalzium	17 bis 30 mg
Phosphor	21 bis 30 mg
Chlorid	15 mg
Eisen	0,20 bis 0,60 mg
Zink	0,02 bis 0,20 mg
Vitamine	
Vitamin C	2,90 bis 5,00 mg
Nicotinamid	0,15 bis 0,20 mg
Carotin	0,015 bis 0,048 mg
Vitamin B_1	0,030 bis 0,060 mg
Vitamin B_2	0,010 bis 0,040 mg
Vitamin B_6	0,038 bis 0,046 mg

wertvoll. Normalerweise nehmen wir mehr Natrium als Kalium auf. Die Traube enthält jedoch bis zu 50-mal mehr Kalium als Natrium. Darauf beruht die entschlackende Wirkung der bekannten und berühmten Traubenkuren. Ein Synonym des ‘Trollinger’ in Südtirol weist geradezu auf diesen Verwendungszweck: ‘Meraner Kurtraube’.

Bei Traubenkuren, die auch zu Hause durchgeführt werden können, sollten täglich 1,0 bis 1,5 kg Trauben über drei Wochen verzehrt werden, also etwa insgesamt 50 kg. Eine solche Kur sollte aber immer ärztlich begleitet werden.

Was ist erlaubt?

Gänzlich unberührt bleibt der Gartenfreund von den gesetzlichen Bestimmungen zum Weinbau nicht. Der Laie hat zumindest von der Reblaus gehört, die im frühen 19. Jahrhundert aus Nordamerika eingeschleppt wurde. Sie ist im Wesentlichen ein Wurzelschädling und hätte den europäischen Weinbau nahezu vernichtet, wenn die Weinbauwissenschaft nicht herausgefunden hätte, dass die Reblaus auf nordamerikanischen Wildreben nicht existieren kann.

Die Unterlagenzüchtung war damit geboren. Schließlich wurde 1923 der Anbau von Pfropfreben in Weinbaugebieten für den Erwerbswinzer zur gesetzlichen Pflicht.

Damit waren die Winzer die ersten Landwirte, die einen Schädling biologisch bekämpften!

Der Gartenfreund ist gut beraten, ebenfalls Pfropfreben zu pflanzen, da sie eine Reihe von Vorteilen aufweisen: stärkere Wüchsigkeit und höhere Erträge.

Baumschulen führen allerdings häufig nur wurzelechte Topfreben, da diese billiger in der Anzucht sind. Keltertrauben-Rebschulen haben diese Nische erkannt und bieten mittlerweile als Nebensortiment Tafeltraubenpfropfreben an. Gartenmärkte bieten

Letzte Sonnentage vor der Lese erhöhen die Süße der Trauben

heutzutage Pfropfreben an. Sie sind an der Veredlungsstelle an ihrer Verdickung in etwa 30 cm Höhe erkennbar und werden immer bis nahe an die Veredlungsstelle tief in die Erde gepflanzt.

Nach einer EG-Verordnung unterliegen Weinbergsflächen unter 100 m^2 nicht der Genehmigungspflicht.

Nach der EG-Verordnung Nr. 1439/99 unterliegen Tafeltrauben nicht dem Weinrecht.

Dadurch ergeben sich für den gewerblichen Tafeltraubenanbau Konsequenzen, die der Gartenfreund zumindest kennen sollte, die aber für ihn nicht bindend sind, wobei innerhalb von Weinbaugebieten Grenzfälle möglich sind.

1. Tafeltrauben können innerhalb als auch außerhalb des gesetzlich abgegrenzten Rebgeländes gepflanzt werden.
2. Zur Erzeugung von Tafeltrauben dürfen keine als Keltersorten zugelassenen Sorten wie ‘Gutedel’ oder ‘Trollinger’ gepflanzt werden. Es sollten mehltautolerante Sorten bevorzugt werden. Außerdem dürfen nur Pfropfreben zum Einsatz kommen.
3. Es dürfen nur für Tafeltrauben zugelassene Pflanzenschutzmittel eingesetzt werden. Das gilt auch für den Gartenfreund!
4. Aus Tafeltrauben darf im Erwerbsbetrieb kein Federweißer, kein Traubenmost und auch kein Wein hergestellt werden. Selbst für den Eigenbedarf nicht!
5. Der Meldepflicht unterliegt der Gartenfreund nicht.

Trauben gliedern sich in Keltersorten, Tafeltraubensorten, Traubensorten für besondere Zwecke (Traubensaft, Sektgrundwein, Deckrotwein, Rosinen) und Unterlagensorten. Für nicht für den Markt bestimmte Pflanzungen kann der Gartenfreund die Sorte seiner Wahl pflanzen.

Schließlich sei für den Interessierten auch auf das Weingesetz „Gesetz zur Reform des Weinrechts“, veröffentlicht im Bundesgesetzblatt am 15. Juli 1994, hingewiesen. Damit wurden das Weingesetz und das Weinwirtschaftsgesetz zusammengelegt.

Erfolgsvoraussetzungen

Wer erfolgreich Tafeltrauben kultivieren will, muss, wie bei jeder Kulturpflanze und ganz besonders bei der aus südlichen Gefilden, dem Mittelmeerraum und Vorderasien stammenden Rebe, einige Voraussetzungen erfüllen.

Die Rebe gehört zur Familie der Rebengewächse (Vitáceae). Aus den beiden Unterarten der Weinrebe *Vítis viniféra* subsp. *viniféra* und *Vítis viniféra* subsp. *sylvéstris* (vinifera = weintragend, sylvestris = im Wald lebend) sind die europäischen Kulturreben entstanden, die den Weltweinbau mit etwa 8 Millionen Hektar bestimmen.

Klimaansprüche

Die ursprüngliche Verbreitung der Rebe gibt uns schon einen wichtigen Hinweis auf ihre Klimaansprüche: Sie stammt aus dem Mittelmeerraum und Vorderasien, also aus einer warmgemäßigten Zone mit Winterregen sowie kaum Frost und langen, sonnenreichen, warmen Sommern.

Als nördliche Anbaugrenze des erwerbsmäßigen Weinbaus gilt die 9-°C-Isotherme der Jahresdurchschnittstemperatur. Isothermen sind Linien, die Orte gleicher Temperaturen verbinden. In Mitteleuropa entspricht etwa die Linie Frankfurt/M. – Würzburg – Prag dieser Isotherme. Sie ist mit dem 50. Breitengrad fast identisch. Die Flusstäler erweitern die Anbaugebiete zungenförmig nach Norden.

Die kleinen Anbaugebiete an den Flüssen Ahr, Elbe und Saale-Unstrut reichen sogar über den 51. Breitengrad hinaus.

Minimumtemperaturen

Die winterlichen Minimumtemperaturen sind entscheidend. Allgemein gilt, dass Temperaturen unter −15 °C bei empfindlichen Sorten und unter −20 °C bei frostfesteren Sorten Schäden verursachen. Tafeltrauben südlicher Länder erleiden oft schon bei Temperaturen von −10 °C Schäden.

Reben an einer Hauswand haben durch die Abstrahlung des Hauses ein bis 2 °C günstigeres Mikroklima. Untersuchungen über das Verhalten gedämmter Fassaden fehlen noch.

Häufig wechselnde Wärme- und Kälteperioden im Winter „enthärten" die Reben und verringern die Winterfrostfestigkeit. Hochdruckwetterlagen im Winter, vor allem im Spätwinter, führen nachts oft zu extrem niedrigen Temperaturen, während tags bei Sonneneinstrahlung die Temperaturen weit über 0 °C ansteigen. Südwände verstärken diesen Effekt. Die Stämme tauen tagsüber auf und gefrieren während der Nacht; das führt zum gefürchteten Aufreißen der Stämme. Das Kalken der Stämme ist ein erprobtes Gegenmittel, ebenso wie das Abhängen mit dichtem Material an Gebäuden und Mauern.

Günstig zu beurteilen ist eine regelmäßige hohe Schneedecke. Sie schützt den Stamm vor Erfrierungen. Schnee bei klarem Winterhimmel verschärft dagegen den Frost über der Schneedecke, wobei ohnehin die Temperaturen über dem Boden, und dies ist für die Reben entscheidend, 1 bis 2 °C niedriger liegen als vom Wetterbericht angegeben.

Ein langer kalter Winter an der Erfrierungsgrenze wirkt weniger schädigend als ein Winter mit ständigem Wechsel von kalten mit warmen Perioden.

Der letzte Spätfrost im Frühjahr und der erste Frühfrost im Herbst entscheiden häufig über Erfolg oder Misserfolg, denn der nichtverholzte Trieb und alle grünen Rebteile sind besonders frostempfindlich. Spätfröste führen allgemein zu größeren Schäden. Die Eisheiligen im Mai, der Winzer nennt sie „Weinmörder", sind die gefürchteten Spätfröste des Frühjahrs.

Um zur Reife zu kommen, benötigt die Rebe mindestens 185 Vegetationstage vom Austrieb bis zum Blattfall. Das bedeutet, dass Standorte mit regelmäßigem Frost nach dem 15. Mai und vor Ende Oktober ausscheiden.

Wer genau wissen will, ob sich ein bestimmter Standort für den Anbau eignet, erfrage das durchschnittlich letzte und erste Auftreten der Fröste bei der nächsten Wetterwarte oder im

Internet und lasse sich von erfahrenen Gärtnern beraten, welche die örtliche Lage genau kennen. Talmulden sind besonders gefährdet. Gebäude, dichte Hecken und andere Hindernisse wirken bei der schwereren Kaltluft wie eine Staumauer und damit frostverschärfend. In solchen Lagen sinken die Temperaturen nicht selten 2 bis 3 °C tiefer ab als an Stellen, wo die Kaltluft abfließen kann. Man muss solche Standorte meiden und Hindernisse durchlässig machen.

Sehr windexponierte Standorte scheiden ebenfalls aus, da sie den Aufbau eines wärmebegünstigten Mikroklimas verhindern.

Feuchtigkeit und Niederschläge

Die für die Rebe benötigten Wassermengen sind nördlich der Alpen an allen Orten gewährleistet. Trockenperioden kann der Gartenfreund notfalls mit Bewässern überwinden.

Bei günstiger Verteilung kommt die Rebe mit 400 bis 500 mm (= 400 bis 500 l/m^2) Jahresniederschlag aus. Regelmäßige hohe Luftfeuchtigkeit in Meernähe begünstigt den Befall mit Mehltau- und Grauschimmelpilzen. Das muss bei Ost- und Nordseenähe bedacht werden.

Sonnenscheindauer und Wärme

Als Sonnenkind benötigt die Rebe ausreichend Sonnenschein und Wärme, je nach Sorte 1300 bis 1600 Sonnenstunden pro Jahr.

Wichtig sind die Temperaturen zur Blüte Mitte Juni bis Anfang Juli, auf Grenzstandorten auch bis Mitte Juli. Mindestens 15 °C bei wenig Wind, besser sogar 20 °C sind die Voraussetzung für nichtverrieselte, volle Trauben. Die Nachttemperaturen sollten nicht unter 12 °C absinken. Beim Winzer sind Verrieselungen, verursacht durch nasskalte Witterung, gefürchtet. Die Trauben haben dann oft nur wenige Beeren oder nur kleine, unbefruchtete Jungfernbeeren. Manche Sorten reagieren sehr schnell auf nasskaltes, windiges Wetter.

Liegt der Garten am Hang und ist vielleicht nach Süden, Südwesten oder Südosten geneigt, sind die Sonneneinstrahlung und die Temperatur erhöht. Solch kleinklimatisch bevorzugte Standorte muss man nutzen.

Höhenlage

Die erforderlichen Temperaturen und die Vegetationszeit werden nur bis zu einer Höhe von etwa 400 m über N.N. erreicht. Bis in die tieferen Lagen der Mittelgebirge sind deshalb Tafeltrauben pflanzbar, entsprechende Sortenwahl vorausgesetzt. Bevorzugte Standorte außerhalb der Weinbaugebiete in höheren Lagen sind Süd-, Südwest- sowie Südost- und in günstigen Lagen noch Westwände von Gebäuden. In den Grenzstandorten um 400 m über N.N. sind Hauswände unabdingbare Erfolgsvoraussetzung. In Wein-, Obst- und meist auch in Gemüsebaugebieten, sofern sie grundwasserferne Böden besitzen, können Reben in „freier“ Pflanzung gesetzt werden.

Reben begnügen sich auch noch mit dem Streifen zwischen Hauswand und Straße

Bodenansprüche

Die Bodenansprüche sind gering. Die Rebe gehört zu den genügsamen Obstkulturen. Es darf aber nicht verschwiegen werden, dass für üppigen Wuchs und regelmäßigen Ertrag tiefgründige, nährstoffreiche Böden besser geeignet sind.

Reine Moorböden und grundwassernahe Standorte sagen der Rebe nicht zu.

Unter 40 cm Bodenmächtigkeit sollten keine Reben gepflanzt werden, wenn auch mit Bodenverbesserung einiges auszugleichen ist. Das verfügbare Wasser ist hier der begrenzende Faktor, was sich natürlich bei Bedarf mit Bewässerung beheben lässt.

Bodenverbesserung

Ob bei Sandböden die Wasserhaltekraft verbessert, ob Lehm- oder Tonböden aufgelockert oder ob Gesteinsverwitterungsböden mit Feinerde angereichert werden soll, um die Wasserhaltekraft und das Porenvolumen zu verbessern: Kompost ist überall einsetzbar. Hier gilt wirklich: Viel hilft viel! Überdüngungen sind nicht möglich. Man muss nur beachten, dass Kompost Rotteverluste erleidet; er wird weniger, sodass die Maßnahme in zwei bis drei Jahren wiederholt werden muss. Erst nach mehreren Düngungen stellt sich der bodentypische stabile Humusgehalt ein.

Weinbergsböden sollen 2 % Humus aufweisen. Gartenböden besitzen jedoch meist deutlich mehr, 4 % und mehr sind nicht selten.

Jahrelang, mitunter jahrzehntelang kultivierte Gartenböden sind meist optimal in Gare, Humusgehalt, Porenvolumen und Wasserhaltekraft. Sie sind beste Rebböden. Auf solchen Böden kann auf Jahre auf jegliche Düngung verzichtet werden.

Sorten- und Unterlagenwahl

Hat sich der Gartenfreund mit den klimatischen Verhältnissen und dem Boden vertraut gemacht, gilt es, sich für die geeignete(n) Sorte(n) zu entscheiden. Anders als beim Apfel, den man zur Not bei Nichteignung umveredeln kann, bedeutet das bei Reben Rodung. Freilandumveredlungen an Reben bleiben Spezialisten vorbehalten.

Fehler führen daher zu einem gravierenden Zeitverlust von mehreren Jahren.

Selbst renommierte Versandgärtnereien und Gartenmärkte führen nur ein schmales Sortiment, häufig noch unter falschem Namen, sodass Tafeltrauben als Pfropfreben besser beim Spezialisten gekauft werden sollten. Im Serviceteil auf Seite 118 finden Sie die Anschriften einer Reihe bekannter Rebschulen mit Tafeltrauben im Angebot.

So sehr es auch reizt, aus dem Urlaub in südlichen Gefilden Steckhölzer von den attraktiven, mitunter kiloschweren Trauben mitzubringen, im Freiland sind Misserfolge vorprogrammiert. Im Gewächshaus mögen sie noch wachsen, häufig reicht jedoch auch da die Vegetationszeit nicht aus. Bei manchen Sorten kann man sich behelfen, indem sie im Kübel kultiviert werden, der dann im Herbst eingeräumt wird.

Den Anbauwert einer Rebsorte entscheidet der Zeitpunkt der Vollreife. Selbst die Winterfrostfestigkeit ist nachgeordnet. Es macht nur Sinn, Sorten zu pflanzen, die selbst in ungünstigen Jahren ausreifen. Im Zweifelsfall entscheide man sich für die früher reifende Sorte, selbst wenn sie nicht so attraktive Trauben trägt.

War der Gartenfreund bisher auf die Tafeltraubenkenntnisse erfahrener Winzer angewiesen, so kann mittlerweile festgestellt werden, dass der Erwerbswinzer die Tafeltraubennische erkannt hat.

Das Dienstleistungszentrum Ländlicher Raum Rheinpfalz in Neustadt an der Weinstraße hat beispielsweise 2003 und 2004 Tafeltraubentage durchgeführt. Die Anschrift finden Sie im Serviceteil auf Seite 119, umfangreiche Sortenempfehlungen sind in den Neustädter Heften 124 und 129 enthalten.

Wenn dem Pflanzmaterial auch ein eigenes Kapitel gewidmet ist, ist es nötig, an dieser Stelle einige Worte zu den Unterlagen zu sagen.

Außerhalb der Anbaugebiete sind wurzelechte Topf- oder Containerreben zulässig. Veredelte Pfropfreben, ob als Wurzel- oder Containerrebe, bringen aber Vorteile. Neben der Reblaustoleranz sind sie wüchsiger und ertragreicher und je nach Unterlage auch kalkverträglicher.

Unterlagen sind Züchtungen reblaustoleranter amerikanischer Wildarten untereinander oder mit europäischen reblausanfälligen Kultursorten.

Für gare, humose Gartenböden sind die Unterlagen Kober 5 BB, 125 AA, SO 4 und 5 C geeignet. Die Neuzüchtungen Binova, Börner, Rici und Cina eignen sich ebenso. Durch die Klimaänderung könnten in Zukunft auch trockenheitsverträglichere, tief wurzelnde Unterlagen südlicher Länder Bedeutung gewinnen.

Auch im Kübel lassen sich Weintrauben ziehen

So ist abschließend zu raten, die Vorteile der Pfropfreben zu nutzen und sich im Zweifelsfall von den Rebschulen beraten zu lassen.

Die Rebsorten und ihre Merkmale

Die Rebsortenkunde spricht von 14 000 Rebsorten, wovon 8000 Sorten mehr oder weniger Bedeutung besitzen. Im modernen Erwerbsweinbau sind es nur wenige Sorten, die das Profil eines Weinbaugebietes prägen.

Bei den Tafeltrauben an der Anbaugrenze, wozu Deutschland zählt, stehen fundierte wissenschaftliche Untersuchungen zur Leistungsfähigkeit von Tafeltraubensorten erst am Anfang.

Merkmale der Rebsorten

Man unterscheidet bei Rebsorten ampelographische und weinbauliche Merkmale. Erstere sind Merkmale der inneren und äußeren Gestalt; letztere sind die für den Gartenfreund entscheidenden.

Die ampelographischen Merkmale dienen zur Unterscheidung der Sortenidentität.

Wichtige ampelographische Merkmale

1. Die Traubenform und ihr Gerüst; die Beerenform, ihre Farbe und die Kerne.
2. Die Blattform, -farbe und -größe, die Blattrandbezahnung und Behaarung des Blattes.
3. Die Triebspitze, ihre Farbe und Behaarung.
4. Das einjährige Holz mit den Augen (Knospen), Ranken, Geizen und seine Farbe.

Wichtige weinbauliche Merkmale

Die für den Hobbywinzer wichtigsten weinbaulichen Merkmale können in acht Punkten zusammengefasst werden.

1. Austriebszeitpunkt

Früh austreibende Sorten sind spätfrostgefährdet. In den Weinbaugebieten treiben die Reben Ende April/Anfang Mai aus. Je extremer der Standort, desto wichtiger ist diese Eigenschaft. In Küstengebieten ist die Spätfrostgefährdung geringer.

Der Austrieb erträgt bei Trockenheit etwa −1 bis −2 °C.

2. Blühzeitpunkt

Je ungünstiger der Standort, desto besser verblühen die Reben, weil sie dort später und dadurch im wärmsten Monat, dem Juli, blühen (durch die Erwärmung hat sich die Blüte um fast zwei Wochen verfrüht). In Weinbaugebieten und an Südwänden liegt die Blüte in der zweiten Junihälfte, die häufig durch Schlechtwetterperioden gekennzeichnet ist. Dies führt zu den gefürchteten Verrieselungen, das heißt, die Blüten bleiben unbefruchtet, da die Rebe ein Selbstbefruchter ist. Erhebliche Ertragsausfälle sind die Folge und die Attraktivität der Tafeltrauben leidet. Früher Austrieb, frühe Blüte und frühe Reife gehen jedoch nicht zwangsläufig konform, denn der Blühzeitpunkt variiert geringer als der Reifezeitpunkt.

3. Reifezeitpunkt

Auf Grenzstandorten reifen nur früh reifende Sorten aus. Es hat keinen Sinn, in ungünstigen Lagen auf 400 m

Höhe spät reifende Sorten zu pflanzen, auch nicht an Südwänden. Der Reifezeitpunkt ist ziemlich variabel. Vom Blühen bis zur Reife benötigt die Rebe 80 bis 100 Tage. Tafeltrauben können von August bis Anfang November geerntet werden.

4. Krankheitsanfälligkeit
Erst in der zweiten Hälfte des 19. Jahrhunderts wurden die wichtigsten Krankheiten, Echter und Falscher Mehltau, eingeschleppt. Ihre Bekämpfung ist bei europäischen Kultursorten an allen Standorten nötig. Erst die moderne Züchtung hat, wie bei den Stachelbeeren und teilweise bei den Äpfeln, mehltautolerante Sorten geschaffen. In befallsstarken Jahren sind trotzdem ein bis zwei Behandlungen vor Reifebeginn nötig (siehe Kap. „Krankheiten und Schädlinge an Tafeltrauben", Seite 81).

Vom Mehltau werden Blätter, Beeren und Triebe befallen. Selbst Totalausfälle sind möglich. Dichtbeerige Sorten sind gefährdeter als lockerbeerige Sorten, wobei die Sortenunterschiede erheblich sind.

5. Schädlingsanfälligkeit
Für den Hobbywinzer ist die Anfälligkeit gegen den Sauerwurm, der zweiten Generation des Traubenwicklers, von Bedeutung. Wer will schon madige Trauben auf der Tafel haben? Dichttraubige Sorten sind in dieser Hinsicht gefährdeter.

Die Struktur und Behaarung des Blattes bedingen unterschiedliche Anfälligkeiten gegen Milbenarten, z.B. Rote Spinne, Kräuselmilbe, Bohnenspinnmilbe und Pockenmilbe.

6. Holzreife und Winterfrostfestigkeit
Die Holzreife ist eine wesentliche Voraussetzung für die Winterfrostfestigkeit. Durch geeignete Maßnahmen, wie Düngung und Ertragsregulierung, kann sie vorteilhaft beeinflusst werden. Nördlich der Alpen ist die Holzreife das wesentliche Auswahlkriterium für die Anbaueignung einer Sorte. Lediglich in Küstennähe und in den günstigsten Weinbaugebieten, wo die Temperatur selten unter −10 °C absinkt, spielt diese Eigenschaft eine geringere Rolle.

Die Sortenunterschiede sind erheblich. Sorten aus südlichen Gefilden vertragen selten unter −10 °C.

7. Wuchsstärke und -typ
Die Wuchsstärke entscheidet, ob eine Sorte für großflächige Spaliere oder Pergolen geeignet ist. Ähnlich wie beim Apfel beeinflusst dabei die Unterlage die Wuchsstärke. Von den im Buch genannten Unterlagen wachsen 5 BB, 125 AA und SO 4 am kräftigsten.

Es gibt Sorten mit mehr buschigem, engknotigem und geiztriebreichem Wuchs, andere wachsen mehr oder weniger aufrecht; dem Winzer sind Sorten, die steif aufrecht wachsen, am liebsten. Für Spaliere eignen sich aufrecht wachsende Sorten am besten; bei Pergolen ist das eher nachteilig, hier sind mehr horizontal wachsende Sorten besser geeignet.

8. Ertragsleistung
Die Ertragsleistung setzt sich aus der Traubenmenge und der Summe der wertgebenden Inhaltsstoffe zusam-

men. Der Zucker ist der Hauptbestandteil der wertgebenden Inhaltsstoffe.

Der Ertrag einer Sorte ist genetisch fixiert und beruht auf der Zahl der Gescheine pro Trieb, der Blütenzahl pro Geschein, der Verrieselungsanfälligkeit und dem Einzelbeerengewicht, wird aber durch die Jahreswitterung (Winterfrost, Spätfrost und Blühwetter) erheblich modifiziert.

Qualitätsanforderungen für Tafeltrauben

Der Hobbywinzer wünscht sich großtraubige und großbeerige Sorten, um „Vorzeigetrauben" zu ernten. Von wesentlichem Interesse sind die Geschmackseigenschaften der frischen Trauben; nur in seltenen Fällen, wenn die Ernte überreich ausfällt, werden die Trauben verarbeitet.

Es wird zwischen Aromareife und Vollreife unterschieden. Die Aromareife liegt vor der Vollreife. Der Unterschied prägt sich bei Muskatsorten am stärksten aus. Überreife Muskatsorten schmecken „pappig" und nur süß. Am deutlichsten tritt dies bei der ungarischen, sonst vorzüglichen Tafeltraube 'Königin der Weingärten' auf.

Für Tafeltrauben ist die Beschaffenheit der Beerenhaut wichtig. Sie muss einerseits fest genug sein, um nach Regen nicht sofort zu platzen, andererseits darf sie beim Verzehr nicht hindern. Nicht minder wichtig für den Verzehr ist die Zahl und die Größe der Kerne. Die Anzahl schwankt je nach Sorte und Blühwetter zwischen 0 und 4. Für Tafeltrauben wäre das Fehlen der Kerne am besten, man bedenke jedoch, dass es ohne Befruchtung zu keiner Beerenbildung kommt. Selbst „beerenlose" Sorten besitzen kaum fühlbare, pergamentartige Kerne. Zu ihnen gehören die Rosinen-, Sultaninen- und Korinthensorten.

Auch das Gewebe der Beere trägt zum Verzehreindruck bei; am beliebtesten sind „krokante" Sorten, das heißt, die Beeren haben „Biss", sie sind knackig. Andere Sorten besitzen einen dünnflüssigeren Beerensaft.

Das wichtigste Merkmal ist das Verhältnis von Zucker (Glukose und Fruktose) zur Gesamtsäure (Äpfel- und Weinsäure). Dabei kommt es nicht auf die absolute Höhe, sondern auf das harmonische Verhältnis an.

Der Zuckergehalt wird in Deutschland in Grad Oechsle (° Oe) gemessen. Geeignete Messinstrumente sind die Senkspindel (Oechslewaage) oder das Refraktometer. 100° Oe entsprechen dem spezifischen Gewicht von 1,100, im Vergleich dazu hat destilliertes Wasser ein spezifisches Gewicht von 1,000. 1° Oe entspricht etwa 2,1 g Zucker je Liter Most. Die Senkspindel wurde nach dem Pforzheimer Mechaniker, Goldschmied und Erfinder Ferdinand Oechsle (1774–1852) benannt.

Vollreife Tafeltrauben haben 60 bis 80° Oe (130 bis 170 g Zucker je Liter Most).

Die Säure wird in g/l Gesamtsäure gemessen, mitunter findet man auch Angaben in ‰ (Promille), wobei 1 ‰ 1 g/l entspricht. Bei Tafeltrauben liegt die Säure durchschnittlich bei 5 bis 8 g/l.

Auch wenn es den selbstproduzierenden Gartenfreund nicht unmittelbar betrifft, so sollte er doch etwas über die Vermarktungsnormen wissen, welche durch die Vermarktungsnorm für Tafeltrauben der EG Nr. 2789/1999 geregelt werden.

In der EG ist nur der Anbau von Sorten der Art *Vitis vinifera* gestattet. Die Tafeltrauben müssen gesund und ohne Fäulnisbefall, sauber, frei von Schäden durch Schädlinge und frei von Schädlingen, frei von anomaler Feuchtigkeit und frei von Fremdgeruch und -geschmack sein. Die Beeren müssen ganz, gut geformt und normal entwickelt sein. Durch Sonne hervorgerufene Pigmente sind zulässig. Die Trauben müssen die sortenübliche Reife erreicht haben. (Achtung: Trauben gehören zu den nicht nachreifenden Obstarten, weshalb sie in Verzehrqualität geerntet werden!). Die geernteten Trauben müssen mindestens 60° Oe aufweisen.

Tafeltrauben werden in drei Güteklassen, Extra, Klasse I und Klasse II, eingeteilt. Den Güteklassen sind jeweils drei Sortengruppen nach Traubengröße zugeordnet. Demnach müssen die Traubengewichte bei Extra 300, 200 und 150 g, bei Klasse I 250, 150 und 100 g und bei Klasse II 150, 100 und 75 g betragen. Den Güteklassen sind außerdem noch Gewichts- und Größentoleranzen zugeordnet.

Grundsätzlich gilt: Geschmack und Aroma sollten den größten Stellenwert beim heimischen Anbau von Tafeltrauben haben. Dann folgt der umweltbewusste Umgang mit Pflanzenschutzmitteln. Somit sind die Qualitätsanforderungen zum größten Teil erfüllt.

Tafeltraubensorten

Das Sortiment ist ähnlich riesig wie das der Keltersorten. Da der selbstversorgende Traubenfreund nicht auf gesetzliche Bestimmungen Rücksicht nehmen muss, kann er Tafeltrauben- und Keltertraubenanbau jederzeit kombinieren. Die Winzer haben natürlich auch in vergangenen Zeiten besonders attraktive Trauben von Keltersorten als Tafeltrauben verwendet. Besonders geeignet sind großtraubige und -beerige Keltersorten. Die Empfehlenswertesten wurden in dieses Büchlein mit aufgenommen.

Im „Gemischtbetrieb“ Hausgarten bereiten die mehltauempfindlichen Sorten häufig Probleme beim Rebschutz. Durch die Vielzahl in den Handel gekommener mehltautoleranter Sorten sollte heutzutage der Kleingärtner, wie auch bei der Stachelbeere, nur noch diese Sorten pflanzen; er schont die Umwelt, spart die Mehltaubekämpfung und hat keine Sorgen mit der Abdrift. Ehrlicherweise muss jedoch eingeräumt werden, dass langjährige Sortenerfahrungen bisher fehlen und dadurch der eine oder andere Missgriff passieren kann. Deshalb sollte auf die bewährten Sorten nicht gänzlich verzichtet werden.

Zur Sortenwahl

Für jeden Hobbyweinbauer ist das Produkt seiner Arbeit natürlich von entscheidender Bedeutung. Attraktive, wohlschmeckende, gesunde Trauben und ein zierendes Blattwerk krönen die Arbeit des Jahres.

Die Bodenansprüche sind bei Hausreben von untergeordneter Bedeutung. Trotzdem sollte jeder

Gartenfreund in der Lage sein, einen geeigneten Boden zu schaffen.

Der Einfluss den der Standort auf die Reben hat, wird im Buch separat besprochen. Denn auch in diesem Bereich gibt es viele Möglichkeiten zur Gestaltung.

Da nicht jeder Hausstock in klimatisch günstigen Bedingungen wächst, ist die Frosthärte von besonderer Bedeutung.

Man unterscheidet zwischen Winterfrosthärte und der Wiederstandfähigkeit gegenüber Spätfrösten.

Die Winterfrosthärte ist besonders im östlichen Teil Deutschlands wichtig, da hier ein kontinental geprägtes Klima herrscht. Im Westen Deutschlands ist dieser Faktor weniger interessant, da das Klima einem maritimen Einfluss unterliegt und Temperaturextreme im Winter eher selten sind. Insgesamt kommt es durch die globale Erderwärmung aber immer öfter zu extremen Wetterereignissen.

Die Widerstandsfähigkeit gegenüber Spätfrösten wurde während der letzten Jahre immer wichtiger. Der Übergang vom Winter zum Sommer geschieht oft über Nacht. Fröste nach dem Austrieb bis Mitte Mai sind keine Seltenheit. Die zu erwartende Ernte ist dann in Gefahr.

Auch die Widerstandsfähigkeit oder Resistenz gegenüber Pilzkrankheiten sollte heute bei der Sortenwahl sehr ernst genommen werden. Bei diesen Rebsorten ist bei günstiger Witterung eine Minimierung der Spritzmaßnahmen auf ein oder zwei Spritzungen pro Jahr möglich. Das schont nicht nur das Ökosystem, sondern auch den Geldbeutel. Heute werden oft systemische, nützlingsschonende Mittel eingesetzt. Systemische Mittel werden sehr schnell von der Pflanze aufgenommen und in ihrem Stoffwechselsystem transportiert. Diese modernen Präparate sind oft kostenintensiv.

Oft wird vergessen, dass sich in der Weintraube im Verhältnis zu anderen Obstarten eine größere Menge der Pflanzenschutzpräparate anlagert. Ursache dafür ist die größere relative Oberfläche der Weinbeeren und somit der Weintraube. Selbst wenn die Karenzzeit eingehalten wird, ist es möglich, dass sich ein Spritzmittelbelag auf den Beeren befindet. Dieser sollte auf jeden Fall abgewaschen werden.

An erster Stelle steht jedoch der Genuss der Früchte. So viele Rebsorten es gibt, so viele Geschmacks- und Aromanuancen gibt es. Diese gilt es auszuprobieren, einen Favorit zu finden und diesen dann zu pflegen und zu kultivieren.

Für jene Weinfreunde, welche sich gern mit traditionellen Rebsorten beschäftigen, gibt es im Anhang weiterführende Literatur.

Helle Rebsorten (gelb, grün)

'Arkadia'

Sehr gute Pilzresistenz. Große Beeren und große Trauben. Frühe Reife, kräftiger Wuchs. Für alle Standorte geeignet.

'Aurora'

Rebsorte aus Frankreich mit guter Pilzresistenz. Mittelgroße Beeren, große lockere Trauben. Reife Mitte bis

Ende August. Starker Wuchs, hoher Ertrag. Für kühlere Regionen noch geeignet.

'Birstaler Muskat'

Eine Züchtung aus der Schweiz mit guter Frosthärte und Pilzresistenz. Mittelgroße lockerbeerige Trauben. Reife Ende August Anfang September. Kräftiger Wuchs. Langes Erntefenster. Muskatgeschmack. Anbau in Grenzlagen möglich.

'Evita'

Ungarische Rebsorte. Unter Sortenschutz J.Wolf/Bad Dürkheim. Gute Frosthärte und Pilzresistenz. Mittelgroße kernarme Beeren, geschulterte mittelgroße Trauben. Ernte Mitte September. Kräftiger Wuchs, mittlerer Ertrag. Muskatnote. Geeignet für mittlere bis gute Lagen geeignet.

'Fanny'

Eine Rebsorte aus Ungarn. Erhaltungszucht bei J. Wolf / Bad Dürkheim. Sehr gute Frosthärte und gute Pilzresistenz. Große ovale Beeren, sehr große geschulterte Trauben. Reife Anfang September. Mittelstarker bis kräftiger Wuchs. Reife Anfang September, hoher Ertrag.

'Garant'

Eine Züchtung des Staatlichen Weinbauinstitutes Freiburg im Breisgau mit sehr guter Frosthärte und guter Pilzresistenz. Große ovale Beeren, mittelgroße Trauben. Reife Anfang September. Kräftiger Wuchs, mittlerer bis hoher Ertrag. Leichtes Muskataroma.

'Garant'

'Hecker'

Eine Züchtung des Staatlichen Weinbauinstitutes Freiburg im Breisgau mit guter Frosthärte und sehr guter Pilzresistenz. Blühfest. Runde mittelgroße Beeren, große Trauben. Reife Anfang September. Mittelstarker Wuchs und mittlere bis hohe Erträge.

'Himrod'

Rebsorte aus den USA mit sehr hohe Frostfestigkeit und guter Pilzresistenz. Runde kleine Beeren, weißgelb und kernlos. Mittelgroße bis große Trauben. Reife Mitte August. Sehr kräftiger Wuchs, regelmäßig hoch. Würziges Himbeeraroma. Sonniger geschützter Standort. Rarität.

'Lilla'

Rebsorte aus Ungarn, Sortenschutz J. Wolf/Bad Dürkheim. Sehr gute Frosthärte. Gute Pilzresistenz. Große

'Lilla'

ovale Beeren, geschulterte kegelförmige große lockerbeerige Trauben. Reife Ende August. Mittelstarker Wuchs, mittlerer Ertrag. Geeignet für alle Standorte.

'Palatina'
Ungarische Rebsorte, Sortenschutz durch V. Freytag/Neustadt. Gute Frosthärte und gute Pilzrsistenz. Ovale Beeren, große lockere geschulterte Trauben. Reife Ende August bis Anfang September. Kräftiger Wuchs, hoher Ertrag. Würziger Muskatton.

'Selma'
Rebsorte aus Frankreich mit guter Frostfestigkeit und Pilzresistenz. Ovale mittelgroße kernlose Beeren, große lockerbeerige Trauben. Reife Anfang September. Kräftiger Wuchs, hoher Ertrag. Für sonnige Standorte

'Solaris'
Eine Züchtung des Staatlichen Weinbauinstitutes Freiburg im Breisgau mit guter Frosthärte und sehr guter Pilzresistenz. Runde mittelgroße Beeren, mittelgroße fast lockere Trauben. Reife Mitte August. Mittelstarker Wuchs, hohe Erträge. Auch für die Gewinnung von Federweißen geeignet. Wespenfraßgefährdet.

'Sophie'
Rebsorte aus Österreich, Sortenschutz durch J. Wolf, Ungstein. Hohe Resistenz gegen Pilzkrankheiten. Gelb gefärbte Beeren, mittel bis groß, oval, wenig geschulterte und lockere Traube. Reife Mitte September bis Mitte Oktober. Kräftiger Wuchs, für alle Lagen geeignet.

'Suzi'
Ungarische Züchtung mit guter Frost und Pilzresistenz. Kernarme große Beeren, große lockerbeerige Trauben. Reife Anfang bis Mitte September. Starkwüchsig, hoher Ertrag. Warme und sonnige Standorte.

'Theresa'
Rebsorte aus Ungarn mit hoher Pilzresistenz. Große elliptische Beeren, große lockere Trauben. Späte Reife. Kräftiger Wuchs mit langen Internodien. Nur für geschützte sonnige Lagen geeignet.

'Hecker'

'Solaris'

'Theresa'

'Himrod'

Rote Rebsorten (rosé, rosa, rot)

'Arkardia Rozowa'
Neuzüchtung aus Russland mit sehr gute Frosthärte und Pilzresistenz. Große ovale Beeren, sehr große Trauben. Frühe Reife Anfang September. Mittelstarker Wuchs, hoher Ertrag. Feinfruchtige Aromen.

'Canadice'
Eine Züchtung aus den USA mit sehr gute Frosthärte und Pilzresistenz. Runde mittelgroße Beeren, mittelgroße Trauben. Frühe Reife Anfang September. Starker Wuchs, sehr hoher Ertrag. Feinfruchtiges Erdbeerroma.

'Decora'
Mittelgroße Beeren, mittelgroße kompakte Trauben. Mittelfrühe Reife Mitte September. Fein bukettiertes Aroma.

'Ganita'
Züchtung des Staatlichen Weinbauinstituts Freiburg im Breisgau mit guter Pilzresistenz. Mittelgroße bis große runde Beeren, sehr große lockerbeerige Traube. Sehr frühe Reife, bereits Ende August. Kräftiger Wuchs, mittlere bis hoher Ertrag. Fein bukettiertes Aroma.

'Isabella'
Eine Rebsorte aus den USA mit sehr guter Frosthärte und Pilzresistenz. Große runde Beeren, große Trauben. Frühe Reife, Anfang September. Starker Wuchs, hoher Ertrag. Feinfruchtiges Erdbeeraroma.

'Katharina'
Neuzüchtung aus Österreich, EU Sortenschutz durch Jörg Wolf. Gute Frosthärte und gute bis sehr gute Pilzresistenz. Ovale Beeren, große lockere Trauben. Reife Ende September. Kräftiger Wuchs, mittlerer bis hoher Ertrag. Fruchtige Aromen mit frischer Säure.

'Lira'
Sehr gute Frosthärte und Pilzresistenz. Große runde, dünnschalige Beeren, große Trauen. Reife ab Anfang September. Kräftiger Wuchs, mittlerer bis hoher Ertrag. Besonders schönes rotes Herbstlaub.

'Malina'
Trauben trotz etwas kleinerer Beeren attraktiv. Wespenfraßgefährdet. Hoher Ertrag. Reife früh bis mittelfrüh. Kräftiger, „schlenkericher" Wuchs mit bronziertem Austrieb.

'Nelly'
Gute Frosthärte und Pilzresistenz. Mittlere Beeren- und Traubengöße. Mittefrühe Reife.

'Piroschka'
Eine Neuzüchtung aus Ungarn mit guter Frosthärte und Pilzresistenz. Kleine runde Beeren, große längliche Traubenform. Sehr frühe Reife, etwa Mitte August. Mittelstarker Wuchs, hoher Ertrag. Feinfruchtiges Muskataroma.

'Rosetta'
Mittelgroße Beeren, mittelgroße und lockerbeerige Trauben. Kräftiger Wuchs bei kompakter Laubwand. Späte Reife.

'Ganita'

'Katharina'

'Malina'

'Rosetta'

'Rote Viktoria'

Eine Neuzüchtung aus Russland mit sehr guter Frosthärte und guter Pilzresistenz. Große ovale Beeren. Sehr frühe Reife, etwa Mitte August. Starker Wuchs, sehr hoher Ertrag. Muskataroma.

'Vanesse'

Gute Frosthärte und sehr gute Pilzresistenz. Runde mittelgroße Beeren, kernlos, mittelgroße Trauben. Starker Wuchs, mittlerer bis hoher Ertrag Feinfruchtige Aromen.

'Velez'

Eine Neuzüchtung aus der Ukraine mit guter Frosthärte und sehr guter Pilzresistenz. Mittelgroße ovale Beeren, kernlos. Sehr frühe Reife, etwa Mitte August. Starker Wuchs, sehr hoher Ertrag. Muskataroma.

Blaue Rebsorten

'Chevchenko'

Rebsorte aus Russland, mit guter Frosthärte und Pilzresistenz. Mittelgroße ovale Beeren, mittelgroße Trauben. Reife Mitte August. Mittelstarker Wuchs, mittlerer bis hoher Ertrag. Dekoratives rotes Herbstlaub.

'Galanth'

Eine Züchtung aus dem Staatlichen Weinbauinstitut Freiburg im Breisgau mit sehr guter Pilzresistenz. Große rote bis tiefrote Beeren, lockerbeerige mittelgroße Trauben. Reife Anfang September. Kräftiger Wuchs, hoher Ertrag. Für wärmere und geschützte Standorte.

'Galanth'

'Königliche Esther'

Sehr gute Winterfrosthärte, gute Pilzresistenz. Züchtung aus Ungarn, Sortenschutz Rebschule Steinmann. Mittelgroße bis große Beeren, geschulterte große Trauben. Reife Ende August. Mittelstarker Wuchs, mittlerer Ertrag. Leuchtendes rotes Herbstlaub.

'Kyoho'

Eine Züchtung aus Japan mit guter Frosthärte und Pilzresistenz. Beeren rund und sehr groß, fast pflaumenartig, große Trauben. Reife Anfang September. Starker Wuchs, mittlerer bis hoher Ertrag. Rarität.

'Muscat bleu'

'Nero'

'Rondo'

'Rosina'

'Osella'

'Mitschurinski'
Aus Russland stammende Tafeltraube mit sehr guter Frosthärte und guter Pilzresistenz. Runde mittelgroße Beeren, mittelgroße Trauben. Reife Mitte August. Mittelstarker bis kräftiger Wuchs, hoher Ertrag. Feinfruchtige Aromen. Gefahr von Wespenfraß sehr hoch. Robuste Sorte. Auch für mäßige Lagen geeignet.

'Muromez'
Aus Russland stammende Rebsorte mit sehr guter Frosthärte und Pilzresistenz. Mittelgroße Beeren, mittelgroße Trauben. Reife Mitte August. Mittelstarker Wuchs, mittlerer Ertrag.

'Muscat bleu'
Züchtung aus der Schweiz mit sehr guter Frosthärte und Pilzresistenz.

Große ovale Beeren, mittelgroße lockerbeerige Trauben. Reife Anfang September. Starker Wuchs und hoher Ertrag. Muskataroma.

'Nero'
Eine Züchtung aus Ungarn mit sehr guter Frosthärte und guter Pilzresistenz. Ovale, mittelgroße und dunkelblaue Beeren, kompakte mittelgroße Trauben. Reife Anfang September. Starker Wuchs, mittlerer bis hoher Ertrag.

'Osella'
Eine Züchtung aus dem Staatlichen Weinbauinstitut Freiburg im Breisgau mit guter Frosthärte und sehr guter Pilzresistenz. Runde große Beeren, tiefrot bis blauschwarz gefärbt, große lockerbeerige Trauben. Reife Mitte August. Kräftiger Wuchs, mittlerer bis hoher Ertrag. Auch für Grenzlagen zu empfehlen.

'Rondo'
Neuzüchtung aus der ehemaligen CSSR. Unempfindlich gegen Falschen Mehltau, geringe Anfälligkeit gegen Echten Mehltau und Grauschimmel. Sehr hohe Winterfrostfestigkeit. Mittlerer bis hoher Ertrag. Runde und stark gefärbte Beeren. Mittelstarker und dichter Wuchs, mittelgroße lockere Trauben. Reife Ende August.

'Rosina'
Eine Züchtung aus dem Staatlichen Weinbauinstitut Freiburg im Breisgau mit guter Pilzresistenz. Blau-schwarze leicht elliptische Beeren, mittelgroße Trauben. Reife Mitte September. Kräftiger Wuchs, mittlerer bis guter Ertrag. Geeignet für geschützte Standorte.

'Salome'
Sehr gute Frosthärte und Pilzresistenz. Sehr große runde Beeren, große Trauben. Reife Anfang September. Starker Wuchs und mittlere bis hohe Erträge. Geringe Standortansprüche.

'Solara'
Sehr gute Frosthärte und Pilzresistenz. Mittelgroße Beeren, große Trauben. Reife Anfang September. Mittelstarker Wuchs und hoher Ertrag.

'Triumph de Alsace'
Gute Frosthärte und sehr gute Pilzresistenz. Kleine Beeren, große Trauben. Reife Anfang September. Starker Wuchs und hohe Erträge.

'Venus'
Kernlose Tafeltraubensorte aus Arkansas, USA. Widerstandsfähig gegen Pilzkrankheiten und hohe Winterhärte. Fleischige große kernlose Beeren, große lockere Trauben. Große dekorative Blätter, mittlerer bis hoher Ertrag, frühe Reife. Optimaler Schattenspender an der Pergola.

Das Pflanzmaterial

Als Pflanzmaterial bieten sich drei Möglichkeiten an: Pfropfreben, veredelte oder unveredelte Topf- und Containerreben und Steckhölzer. Alle Varianten besitzen Vor- und Nachteile, die nachfolgend erläutert werden sollen. Der alte europäische Weinbau beruhte auf wurzelechten Reben, die als Steckhölzer oder als Ableger, der Winzer nannte es Senken, vermehrt wurden.

Pfropfreben

Die Pflanzung von Pfropfreben ist nur in Weinbaugebieten in geschlossenen Beständen zwingend vorgeschrieben. Tafeltrauben neben Keltertrauben im Anbaugebiet sind also immer als Pfropfrebe zu pflanzen.

Die Winzer waren mit dem Einsatz der Pfropfreben die ersten Landwirte, die einen Schädling biologisch bekämpften. Seit mehr als hundert Jahren werden die europäischen, blattreblausunanfälligen Kultursorten auf Kreuzungen wurzelreblausunanfälliger amerikanischer Sorten veredelt, sodass die Pfropfreben idealerweise gegen beide Reblausformen unanfällig sind. Mehltautolerante Sorten müssen wegen „Europäerblutes" auch veredelt sein.

Aus mehreren Gründen, vor allem der Wüchsigkeit und des Ertrages wegen, sollte auch außerhalb der Anbaugebiete die Pfropfrebe verwendet werden. Damit leistet der Gartenliebhaber biologischen Rebschutz, indem er vor allem in Weinbaurandgebieten der Verbreitung der Reblaus, die neuerdings wieder Terrain erobert, Einhalt gebietet.

Zur Erzeugung von Pfropfreben werden auf 30 bis 35 cm langen, geblendeten Unterlagen, also Unterlagen ohne Augen, einäugige Edelsortenreiser gepfropft. Bei der Handveredlung erfolgt das mittels Kopulation mit Gegenzunge und bei der heute üblichen Maschinenveredlung mittels Omegaschnitt ohne Verbinden.

Die physiologisch schwierige Führung des Verwachsungsprozesses mittels hoher Temperaturen (26 bis 28 °C) und Feuchtigkeit, Abhärtung und Auspflanzen in der Rebschule nach Mitte Mai, verbietet dem Laien eigene Versuche. Rebschulen und Gartenmärkte bieten einjährige Pfropfreben an.

Auf ein modernes Verfahren für den erfahrenen Obstbaumveredler, das auch unter unseren Klimabedingungen erfolgreich angewendet werden kann, sei dennoch hingewiesen – die Umveredlung mit kühlgelagertem, nichtausgetriebenem vorjährigem Holz auf grüne, unverholzte Austriebe zur Zeit der Blüte Mitte Juni. Dazu muss der Rebstock speziell vorbereitet werden. Er wird zum Rebschnitt bis auf einige wenige Augen zurückgeschnitten (so mancher vertraut sogar auf die Stammaustriebe und schneidet total bis auf den Stamm zurück). Es bleiben nur wenige zu veredelnde Triebe stehen; die anderen sind ständig auszubrechen. Die Edelreiser werden im Dezember geschnitten und gegen Grauschimmel behandelt, nachdem sie 24 Stunden gewässert wurden. Dann werden sie im Kühlhaus bei 2 bis 4 °C in Folie eingelagert und bleiben dort bis Juni (der Verfasser hat das Gemüsefach des Kühlschrankes genutzt).

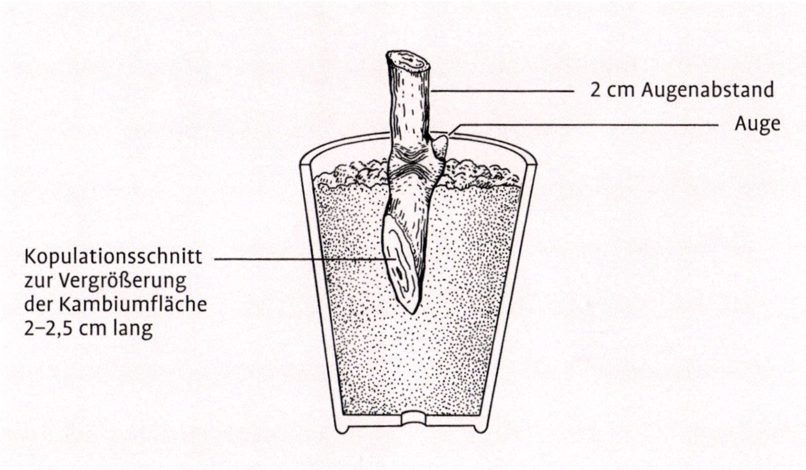

Einaugensteckling, 6 bis 7 cm lang, vor der Bewurzelung in einem Sand-Torf-Gemisch. Das Auge bleibt knapp über der Erde

Zur Veredlung werden die grünen Triebe radikal bis zur niedrigsten möglichen Veredlungshöhe zurückgeschnitten und anschließend wie zu einer Obstbaumveredlung kopuliert, dicht verbunden sowie mit künstlicher Rinde verstrichen.

Achtung: Die Reiser vor der Veredlung 24 Stunden wässern und den Edelreiskopf nicht beim Verstreichen vergessen! Der nachfolgende rasche Austrieb der Geize muss ständig ausgebrochen werden, um die Rebe zu zwingen, Kallus zu bilden.

Wurzelechte Reben

Die Rebe, genügend Feuchtigkeit vorausgesetzt, bewurzelt rasch. Die Winzer nutzen dies seit Jahrhunderten und die Bewurzlungsquote ist hoch.

Topf- oder Containerreben

Sie besitzen den Vorzug, dass sie die gesamte Vegetationszeit gepflanzt werden können. Gartenmärkte handeln auch bei Pfropfreben nur mit Containerreben, während Rebschulen Wurzelreben meist nur im Frühjahr oder Herbst anbieten.

Achtung: Nicht die Trieblänge entscheidet über die Qualität, sondern die Durchwurzlung des Topfes mit weißen (!) Wurzelspitzen.

Vermehrt werden Topf- oder Containerreben als Ein- oder Zweiaugensteckhölzer im heizbaren Gewächshaus oder Frühbeet im Frühjahr. Dies geschieht am besten in einem Torf-Sand-Gemisch im Topf, denn Rebwurzeln sind sehr empfindlich.

Ein Hobbygärtner unternimmt gern einmal den Versuch mit der Anzucht aus Steckhölzern im Topf, hier wurden mehrere Hölzer zusammen gesteckt und mit einer Plastikhaube als Verdunstungsschutz versehen

Steckhölzer

Die rasche und sichere Bewurzlung ermöglicht die Anzucht im eigenen Gewächshaus oder Frühbeet. In feinerdereichen, feuchten Böden oder bei regelmäßiger Bewässerung kann Steckholz sogar an Ort und Stelle gesteckt werden, nachdem die Steckstelle mit Torf oder Kompost verbessert wurde.

Diesen Weg sollte man aber nur wählen, wenn die liebgewordene Sorte nicht mehr erhältlich ist.

Die Steckhölzer werden nach dem Laubfall bis zu den ersten strengen Frösten geschnitten; eigentlich sind die gedachten Steckhölzer am Rebstock am besten aufgehoben. Unter einer Reisigdecke in Folie gewickelt, können sie im Freien an einer Nordseite gelagert werden. Kühle Keller mit Sandeinschlag sind für die Lagerung besser geeignet. Eine vorbeugende Grauschimmelbehandlung ist vorteilhaft.

Beim Schnitt der Steckhölzer ist auf genügende Holzreife zu achten. Die untersten, engen Internodien werden nicht genutzt. Rebphysiologisch ist die Einlagerung der ganzen Rute mit späterem Zuschnitt vorteilhafter. Bis Ende Februar sollte die Steckhölzergewinnung wegen zu Ende gehender erzwungener Ruhe beendet sein. Die Steckhölzer werden je nach Sorte-, Jahres- und Altersabhängigkeit auf drei bis fünf Nodien, dicht am Auge geschnitten, wobei ein glatter, senkrechter Schnitt zu bevorzugen ist. Vor dem Stecken werden diese für 24 Stunden in lauwarmes Wasser getaucht, um ihnen damit einen Wasservorrat mitzugeben. An einer geschützten Stelle in humoser Erde werden diese im Freien bis auf das oberste Auge gesteckt.

Anzucht im Topf im Gewächshaus oder Frühbeet ist sicherer und schont bei Einzelsteckhölzer die empfindlichen Wurzeln. Der erhöhte Platzbedarf wird durch zügigeres Wachstum der Triebe ausgeglichen. Die Triebe sind alsbald zu stäben. Gesteckt wird im März, im April/Mai wird abgehärtet und anschließend im lichten Schatten im Freien weiterkultiviert. Gegebenenfalls muss gegen Echten und Falschen Mehltau gespritzt werden. Fortwährendes Anbinden darf nicht vergessen werden.

Bei zügiger Kultivierung erreichen die Reben 1,00 bis 1,50 m und können im Folgejahr gepflanzt werden; ansonsten auf zwei Augen zurückgeschnitten, sind diese ein weiteres Jahr zu kultivieren.

Lagerung der Pflanzreben

Gekaufte Reben sind sofort zu pflanzen. Ist es einmal unumgänglich zu lagern, muss beachtet werden: der größte Feind der Wurzeln ist Trockenheit.

Für die kurzfristige, ein- bis zweitägige Lagerung im feuchten Sack nutzt man einen kühlen dunklen Keller.

Bei längerfristiger Lagerung über eine Woche, womöglich vom Herbst bis zum Frühjahr müssen die Wurzelpfropfreben in Erde, besser in feuchten Sand eingeschlagen werden. Die Wurzeln bleiben unbeschnitten, die Triebe kürzt man auf 20 cm und löst die Bündel, um Grauschimmel zu verhüten. Der Einschlag erfolgt bis zum Trieb. Die schräg eingelagerten Reben werden kräftig eingeschlämmt, um den Wurzeln Erdkontakt zu geben. Die Wässerung muss im Bedarfsfall wiederholt werden. Die Lagerung erfolgt bei wenigen Graden über Null. In frostfreien Perioden muss gelüftet werden.

Hausweingarten, Spalier und Pergola

Die Weinrebe gehört zu den Sprossrankern und benötigt deshalb eine Unterstützung. An dieser lässt sich die Rebe in beliebige Räume und Flächen formieren. Sie kann als Einzelstock, senkrechtes Spalier oder waagerechter Kordon, stammlos und mit Stamm, freistehend, wandbekleidend oder als schattenspendendes Dach gestaltet werden.

Formierung und Unterstützung

Jede, selbst die umfangreichste, Jahre währende Formierung erzeugt gewissermaßen einen „Bonsai“ im freien Grund. Der Umfang, den die Rebe schließlich einnehmen soll, ist schon vor der Pflanzung und der Auswahl der Sorte zu bedenken.

Am einfachsten ist das im Weingarten. Dort bestimmt sich die Rahmenhöhe aus den Pflanzabständen, den praktischen Erwägungen hinsichtlich der Technik zur Bewirtschaftung und den weinbaulichen Notwendigkeiten, etwa der Mindestlaubwandhöhe zur Assimilation der Reben.

Schwierig wird es, wenn gestalterische Überlegungen einfließen sollen, und in welchem Garten gilt das nicht?

Das Wissen um die Wüchsigkeit der Rebsorte, richtiger eigentlich der Sorten-Unterlagen-Kombination in der Pfropfrebe, ist deshalb wichtig bei der Planung eines Rebenspaliers.

Eine weitere Rolle spielt die Frostempfindlichkeit des Holzes. Je größer der Rahmen sein soll, desto wichtiger ist diese. Winterfrostschäden am Stamm und Kordon sind erst nach Jahren wieder ausgeglichen. Zwar treiben die Rebsorten willig aus dem alten Holz aus, doch bis der Rebstock den vorhandenen Rahmen wieder ausfüllt, vergehen Jahre.

Bei freistehenden Spalieren und Pergolen sollte das Verhältnis von bewachsener zu unbewachsener Rahmengröße aus gestalterischen Gründen etwa 4 : 1 betragen. Man sollte konstruktive Details des Spaliers oder der Pergola noch erkennen können.

Letztendlich muss auch der Statik Aufmerksamkeit geschenkt werden. Die Eigenlast von Reben und Trauben einerseits und, entscheidender, die Belastung bei Regen oder Schnee im Verein mit Sturm, sind zu beachten.

Da statische Berechnungen kaum möglich sind, müssen hierfür Erfahrungswerte genügen.

Materialien für die Unterstützung

Die klassische Rebstütze ist der Holzpfahl. Jeder Rebstock bekam im Weinberg seinen Pfahl. Diese Art der Unterstützung kann im Kleingarten ihre Reize besitzen. Bei Reben im Kübel kommt ohnehin nur diese in Frage.

Holzpfähle

Holz ist im Garten ein hervorragendes Material und ordnet sich harmonisch im Gartenraum ein. Dieser natürliche Vorteil des Holzes wird von der begrenzten Haltbarkeit eingeschränkt. Dabei gibt es erhebliche Unterschiede.

Folgende Hölzer eignen sich in steigender Reihenfolge: Kiefer, Fichte, Lärche, Eiche und Robinie (vom Laien als Akazie bezeichnet).

Eichen- und Robinienpfähle ohne Splint bedürfen keiner Imprägnierung. Gleiches gilt für die früher oft verwendete Hauspflaume (Zwetsche). Sie sind am umweltfreundlichsten, aber auch am teuersten. Ungeeignet sind Buche und Pappel. Für Spaliere und Pergolen ohne Bodenkontakt können Nadelhölzer ohne Imprägnierung verwendet werden. Bei ihnen genügen als

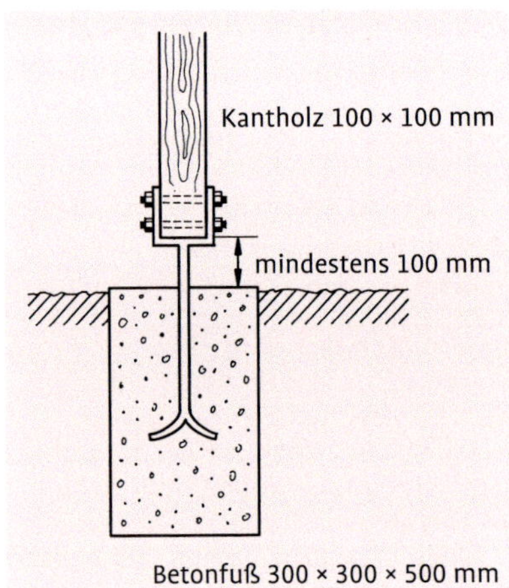

Pergola-Pfosten werden ohne Erdkontakt in einem verzinkten Eisen mit Doppelbacken verschraubt und einbetoniert

Gängige Größen von Pfählen	
Länge	**Stärke**
1,75 m, 2,00 m	6 bis 7 cm
2,00 m, 2,25 m, 2,50 m	7 bis 8 cm
2,75 m, 3,00 m	8 bis 10 cm

Holzschutz Lasuren in Farbtönen eigenen Geschmacks.

Bei Pfählen mit Bodenkontakt sichert nur die Imprägnierung ausreichende Haltbarkeit. Es werden nur entrindete Pfähle verwendet. Imprägniert wird mit Steinkohlenteeröl, allerdings nur der Teil, der in die Erde kommt plus 20 cm, da die Grenze zwischen Boden und Luft die biologisch aktivste ist. Diese Pfähle besitzen ein Jahrzehnt Lebensdauer. In der Vergangenheit hat man noch grüne Pfähle in 5%ige Kupfersulfatlösung gestellt. Das noch „ziehende" Holz wurde so zentimetertief imprägniert und hielt sehr lange. Aus Umweltgründen muss das heute abgelehnt werden.

Mit Salzen hochdruckimprägnierte Pfähle, wie im Garten- oder Baumarkt erhältlich, halten am längsten. Sie sind an der gelbgrünen bis olivgrünen Farbe erkennbar. Diese Pfähle müssen vor dem Einbau sechs Wochen gelagert werden, was meist im Gartenmarkt schon erfolgt ist. Bei der Entsorgung sind sie als Sondermüll zu betrachten!

Jede Rebe erhält einen Pflanzpfahl, der die gesamte Standzeit am Stock verbleibt und bei einem Durchmesser von 3 bis 4 cm mindestens 1,50 m lang sein sollte.

Latten, Bohlen und Pfosten für Spaliere besitzen einen quadratischen oder rechteckigen Querschnitt und folgende gängige Maße: 25 × 25, 30 × 30, 24 × 48, 34 × 70, 45 × 100 und 60 × 140 mm; Kanthölzer: 70 × 70, 90 × 90 und 100 × 100 mm.

Stahlpfähle

Dauerhaft sind nur verzinkte Stahlpfähle. Gegen Korrosion geschützte Rohre aus Abrissen sind für den Selbstmacher eine preiswerte, aber aufwendige Lösung. Gängige Durchmesser liegen bei 50 bis 70 mm. Ihre Standfestigkeit genügt allerdings häufig nicht, sodass sie einen Betonfuß benötigen.

Die Pfähle werden in verschiedenen Profilen angeboten und sind band-, besser aber stückverzinkt. Sie besitzen Laschen zur Anbringung der Drähte und sind für die Bedürfnisse des Weinbaus konstruiert. Für den Hausgarten sind sie, auch aus ästhetischen Gründen, nur bedingt geeignet. Sie sind wartungsfrei und stehen eine ganze Umtriebsperiode. Zu erwerben sind sie nur in Handelsbetrieben, die für den Weinbau arbeiten.

Angeboten werden Reihenpfähle (32 × 52 mm, U-Profil) und Endpfähle (52 × 53 mm, U-Profil) in Längen von 2,10 bis 2,70 m. Die Bandstahlstärke beträgt 1,5 und 2,7 mm. Zu den Endpfählen werden Stützstreben geliefert. Nachteilig ist, dass die Laschen mit Kunststoffeinsätzen versehen werden müssen, sonst beeinträchtigen Reibeschäden die Haltbarkeit der Drähte.

Verzinkte Volldrahtstahlstäbe als Pflanzpfähle haben sich ebenfalls durchgesetzt. Sie werden für Tomaten o.Ä. auf Gartenmärkten angeboten. Ihre Haltbarkeit ist praktisch unbegrenzt.

Zubehör für Drahtrahmen im Weingarten

Der geeignete Draht entscheidet den Reparaturaufwand für den Drahtrahmen. Seine Stärke muss so gewählt werden, dass er durch die auftretenden Kräfte (Eigenlast, Triebe, Laub und Trauben, Schnee- und Regenlast als auch Wind-, Reif- und Eislast) nicht reißen kann. Das ist schwierig zu berechnen, deshalb müssen zusätzliche Sicherheiten einbezogen werden.

Die Drähte müssen so gespannt werden, dass sie nicht durchhängen, andererseits sollen sie nicht „brummen", deshalb liegen die Spannkräfte erheblich unter den Reißkräften (Spannkräfte 30 bis 50 kg, Reißkräfte 100 bis 380 kg). Folgende Drahtarten werden angeboten:

- Eisendrähte, verzinkt,
- Eisendrähte, kunststoffummantelt,
- Eisendrähte, kunststoffbeschichtet,
- Edelstahldrähte,
- Eisendrähte, mit Zinkaluminium beschichtet,
- Kunststoffdrähte.

Jede Art hat Vor- und Nachteile. Im Erwerbsweinbau haben sich Zinkaluminium-Drähte durchgesetzt. Der Aluminiumanteil sichert längere Haltbarkeit.

Die gängigsten Durchmesser sind 2,2, 2,5 und 2,8 mm. 1000 m Draht wiegen zwischen 25 und 40 kg. Bei den teuren Edelstahldrähten genügen Durchmesser von 1,2 bis 1,6 mm; 1000 m wiegen dann zwischen 12 und 16 kg. Diese absolut korrosionsbeständigen Edelstahldrähte verursachen auch nach mehreren Jahren keine Reibeschäden.

Rechts: Mediterrane Atmosphäre durch Reben auf einer Pergola über einer Terrasse, Kiwi am Giebel und Mittelmeerzypresse am Treppenaufgang

Bei Verwendung von Holzpfählen werden für einen kompletten Drahtrahmen benötigt:

1. Hefthaken (Heftnägel), feuerverzinkt, vierkantig, Abmessungen: 34×45, 34×55 oder 34×60 mm.
2. Schlaufen (Krampen), Abmessungen: 31×31 und 31×34 mm, nur zum Befestigen feststehender Drähte.
3. Kettennägel, Abmessung: 42×55 mm, zum Einhängen der Weinbergketten.
4. Weinbergketten (Heftketten), sechsgliedrige Kette aus 3,1 mm Stahldraht, zum Spannen und Bewegen der Drähte.
5. Drahtspanner, erübrigen sich im Kleingarten meist, geeignet für Mauerspaliere und Bogengänge; viele Typen sind erhältlich – je einfacher, desto besser.
6. Anker. Es gibt Stein-, Beton- und Schraubanker, letztere eignen sich nicht für Steinböden und für hohe Zugbelastungen; erstere können auch selbst gefertigt werden.

Zubehör für Selbstmacher bei Spalieren und Pergolen

Die Konstruktion von Spalieren und Pergolen bedarf handwerklichen Geschicks. Es werden benötigt:

1. Verzinkte, einzubetonierende Doppelbacken, um die Pfosten der Spa-

16
ULRICH

liere und Pergolen vor der Erde zu schützen. Betonfundamente eignen sich besser als Schraubfundamente vom Baumarkt.

2. Wiener Holzschrauben entsprechender Länge zum Anbringen der Reiter bei Pergolen.
3. Holzschrauben und Spreizdübel entsprechender Länge und Durchmesser für die Anbringung von Spalieren an der Wand, einschließlich selbst gefertigter Abstandshalter aus Hart-PVC-Rohr für den gewünschten Wandabstand. Auch anzuschraubende U-Profile können als Abstandshalter dienen.
4. Holzschrauben, Größen entsprechend des Lattenquerschnittes (Schraubenlänge = Lattenstärke + zwei Drittel des Riegels). Bei konstruktiv stark beanspruchten Teilen verwende man Schlüsselschrauben mit Unterlegscheiben.
5. Holzdübel (Holznägel). Diese alte Zimmermannsverbindung sollte beim Pergolenbau häufiger verwendet werden. Sie besitzt gleichzeitig dekorative Wirkung. Holznägel werden von astfreiem, trockenem Holz in Faserrichtung abgespalten und leicht konisch angespitzt. Der Mindestquerschnitt beträgt 10 × 10 mm. Dazu wird ein Loch von 12 mm Durchmesser gebohrt. Es darf nur trockenes Holz verwendet werden, sonst leidet durch Schwund die Festigkeit!
   Runde Dübel gibt es als Meterware zu kaufen.

Industriell vorgefertigte Pergolen und Wandbekleidungen

Pergolen sind im Kleingarten beliebt; leider muss eine gewisse Uniformität in den Kleingärten bedauert werden. Für individuelle Lösungen entscheidet das Stilgefühl des Gartenbesitzers.

Die angebotenen Pergolasysteme müssen gegebenenfalls den persönlichen Ansprüchen angepasst werden. Auf die Rankgitter zwischen den Reitern, gegebenenfalls zwischen den Pfosten, kann bei Reben verzichtet werden. Lässt man die durchsichtige PVC-Überdachung weg, kann man diese auch als Anlehnpergola am Haus nutzen. Für regenempfindliche Sorten kann diese Überdachung sogar von Vorteil sein. Bei den Pergolen für Durchgänge, Arkadenpergolen genannt, bietet die Industrie mehrere Varianten an, die individuellere Lösungen ermöglichen.

Für Eigenheime und sanierte Häuser in den Städten hat sich in den letzten Jahren ein Industriezweig entwickelt, welcher moderne Rankhilfen anbietet. Diese, teils aus alten, bekannten Rankhilfen historischer Parks weiterentwickelten Systeme, wirken am besten an modernen Gebäuden. An einem Fachwerkhaus sind sie unästhetisch und fremd. Der Vorteil dieser Rankhilfen besteht in der durchgehenden Verwendung von Edelstahl oder glasfaserverstärktem Kunststoff; sie sind aber recht teuer und wirken etwas kühl.

Einsatz als Rankhilfen finden Rankgitter, Edelstahlnetze, Gitterdrahtbespannungen und Montagestäbe in Verbindung mit montagefreundlichen Abstandshaltern für eine individuelle

Industriell gefertigte Pergola

Gestaltung, wobei engmaschige Rankgitter und -netze für Reben ungeeignet sind.

Die Unterstützung als Gestaltungselement

Bei einer kleinen Rebfläche im Grundstück bestimmt reine Zweckmäßigkeit die Gestaltung.

Bei raumgliedernden Spalieren und Pergolen aber muss man sich schon Gedanken machen, um die Proportionen einer Terrasse, eines Rasenplatzes, einer Staudenanlage, eines Vorgartens oder Hauseinganges oder ihre Proportionen zueinander zu wahren.

Allgemeingültige Empfehlungen sind dabei nicht möglich. Hier wird einfach Stilgefühl verlangt. Wo immer möglich, sollte Holz verwendet werden. Stahlprofile sind im Weingarten zweckmäßig, im gestalteten Hausgarten haben sie nichts zu suchen.

Die Größe des Grundstücks spielt genauso eine Rolle wie die Höhen der Gebäude und Gehölze. Pergolen müssen mindestens Zimmerhöhe (2,50 m) besitzen, damit man auch im Herbst unter den Trauben hindurchgehen kann.

Kurze, dabei sehr hohe freistehende Spaliere als Sichtschutz wirken unschön. Hier sollten 2,50 m nicht überschritten werden. Wandspaliere dürfen nicht bis an die Traufe und nicht bis auf den Boden reichen. Der Abstand sollte mindestens 30 cm betragen.

Diagonale Lattungen wirken hässlich, vor allem dort, wo betonte Vertikalen und Horizontalen vorherrschen. Der Mindestquerschnitt der Latten sollte 30 × 25 mm nicht unterschreiten

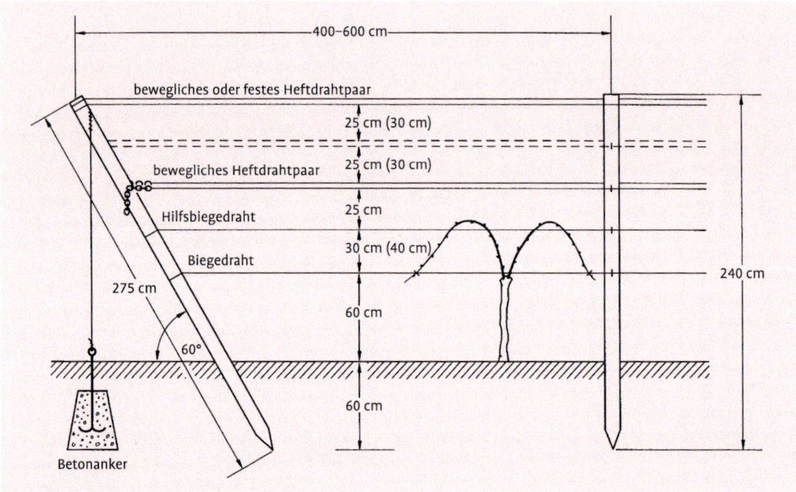

Mittelhohe Unterstützung im Hausweingarten

und die Abstände der Latten 30 bis 35 cm nicht über- und 20 cm nicht unterschreiten.

Die Riegel einer Pergola am Haus werden auf einem Auflageriegel mit 20 bis 30 cm Abstand vom Haus aufgelegt. Neben dem unschönen Aussehen direkt an der Hauswand angebrachter Riegel gibt es auch holz- sowie gebäudetechnische Gründe. Die aufliegenden Riegel sollen mit 10 bis 15 cm Abstand von der Hauswand enden. Quadratische Auflageriegel wirken unproportioniert. 40 mm Riegelstärke dürfen nicht unterschritten werden. Wie Bretter aussehende Riegel wirken flattrig und sind instabil. Die Riegelabstände auf der Pergola sollten 50 bis 60 cm nicht unterschreiten. Stärkere und großflächige Pergolen vertragen größere Abstände und Querschnitte. Allerdings besteht für Reben eine gewisse „Durchhängegefahr“ der Bogen mit den Jahrestrieben. Sie erschweren auch Arbeiten wie Biegen, Binden und Heften.

Unterstützung im Hausweingarten

Im auf Zweckmäßigkeit ausgerichteten Hausweingarten bietet sich die im Weinbau übliche Drahtrahmenerziehung an. Die aufwendigere Einzelpfahlunterstützung, wie sie heute noch an der Mosel üblich ist, kann sogar eine gestalterische Alternative sein. Für den Hausweingarten kommt nur die mittelhohe Erziehung in Frage, wobei es Übergänge zwischen der Drahtrahmenerziehung und der Einzelpfahlunterstützung gibt.

Die Rahmenhöhe richtet sich dabei nach der gewählten Reihenbreite, dabei soll die Rahmenhöhe der Reihenbreite im Verhältnis 1 : 1 entsprechen.

Die heute übliche Drahtrahmenunterstützung mit Biegedraht, Hilfsbiegedraht sowie zwei bis drei Doppeldrahtfangpaaren (siehe Zeichnung, Seite 42) ist notwendig, um den Arbeitsaufwand bei den Laubarbeiten zu senken. Am vorteilhaftesten gestalten sich die Arbeiten mit beweglichen mittels Ketten und Haken in der Höhe veränderbaren Fangdrähten. Zumeist wird das oberste Fangdrahtpaar fest installiert. Auch eine Kombination beider Systeme ist möglich. Die Höhe des Biegedrahtes ergibt sich aus der Stammhöhe (siehe Seite 70). Beim Halbbogen ist ein Hilfsbiegedraht nötig, der sich beim Flachbogen erübrigt.

Abstände und Anzahl der Drahtpaare ergeben sich aus den Sorteneigenschaften. Meist genügen zwei bis drei Paare. Die üblichen Drahtstärken betragen 2,8 mm für den Biegedraht und 2,0 bis 2,5 mm für die sonstigen Drähte.

Seine sichere Verankerung mit Stütz- oder Zuganker erweist sich als standfester als das Einbetonieren der Endstützen.

Für den Tafeltraubenanbau sind gesonderte Unterstützungssysteme entwickelt worden, welche die speziellen Anforderungen berücksichtigen. Sogar Regendächer wurden konstruiert (siehe Zeichnung unten).

Diese Unterstützungen können auch für freistehende Spaliere und im Einzelfall auch für Mauerspaliere Anwendung finden.

Freistehende Spaliere

Freistehende Spaliere kommen der Unterstützung im Weingarten nahe. Das gestalterische, raumgliedernde

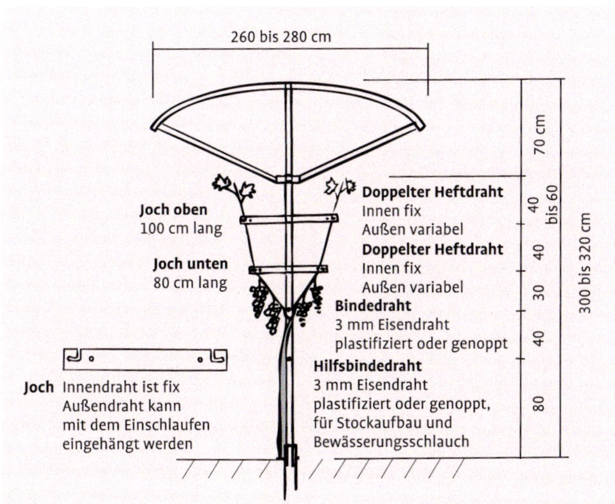

Konstruktionsskizze Arenenberger V-System in Kombination mit Regendach (nach HUGENTOBLER 2004)

Durchfahrt in einen Weingarten, als Pergola gestaltet

Element darf dabei nicht unberücksichtigt bleiben, sowohl im unbelaubten wie belaubten Zustand.

Ein Spalier mit Horizontal- oder Vertikallattung aus Holz ist dem Drahtrahmen vorzuziehen.

Bei freistehenden Spalieren ist eine ausreichende Verankerung im Boden wichtig. Denn quer zur Hauptwindrichtung (meist NW) stehende Spaliere müssen im Sommer und Herbst bei Gewitter und Sturm und voller Belaubung, die wie eine Wand wirken, erhebliche Windlasten aufnehmen. Längsabspannung wirkt nicht, Querabspannung ist selten möglich und wirkt unschön. Einbetonierte Stahlrohre oder quadratische Profile sind ebenso gut möglich wie Betonanker mit Pfostenanker zum Einbetonieren oder Aufdübeln (siehe „Materialien für die Unterstützung“, Seite 36). Von Einschlagbodenhülsen muss abgeraten werden!

Die Abstände der Stützen sollten nicht größer als 3,00 m sein. Die Stahlrohre oder Stahlprofile sind mit 50 bis 60 bzw. 70 mm Durchmesser richtig proportioniert. Der Abstand der Latten beträgt 25 bis 30 cm. Geeignete Lattenprofile haben Abmessungen von 25 × 25 bis 30 × 30 mm. Geringere Querschnitte verziehen sich! Das Holz ist zuvor mit Holzlasur farblich, am besten braun, zu behandeln.

Die Lattung beginnt mit dem Ende des Stammes. Die Latten werden immer geschraubt. Am Ende sind sie anzuschrägen. Für Selbstmacher kann die in der Schweiz entwickelte Unterstützung für Tafeltrauben mit einem Dach gegen Regen empfohlen werden.

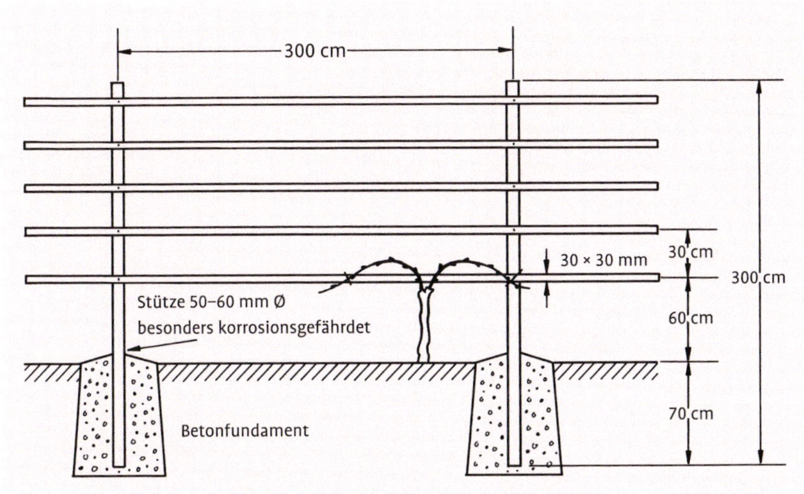

Horizontallattung bei einem freistehenden Spalier

Freistehendes Rebspalier an einer Grundstücksgrenze

Die Bekleidung von Wänden und Mauern mit Spalieren

Der Obst- und Rebsortenkenner Herbert Petzold aus Wurzen hat unbewachsene Wände und Mauern im Garten treffend als „brache Hektare“ bezeichnet. Wer einmal voll bewachsene Spaliere im Herbst mit ihren riesigen Mengen Trauben gesehen hat, wird zustimmen.

Wer ein Haus, ein Wochenendhaus, eine Laube oder eine Mauer zum Nachbarn besitzt, sollte die Wände mit Reben bepflanzen. Sie verursachen zwar Arbeit, entschädigen aber mit köstlichen Trauben.

An Hauswänden sollte man die Vertikallattung bevorzugen (siehe Zeichnung, Seite 48); an niedrigen Mauern die Horizontallattung. Im Prinzip gilt das für freistehende Spaliere Gesagte.

Wichtig sind die Abstandshalter von der Wand. Gut eignen sich 2 bis 4 cm große Hart-PVC-Scheiben, die man selbst zuschneiden kann. Sie sollten im Durchmesser 1 cm unter dem Riegelquerschnitt liegen. Der Abstand ist wichtig, um bei Sturmregen das Wasser abzuleiten, damit die Verrottung des Holzes verhindert und die Fassade vor Schaden bewahrt wird. Außerdem werden hässliche Schmutzfahnen am Haus vermieden.

Die Querriegel werden im Abstand von 1,50 m mit genügend langen und starken Holzschrauben in Spreizdübeln befestigt. Die Schraubenlänge ergibt sich aus der Stärke des Riegels + Abstandshalter + Bohrtiefe. Sie sollte mindestens 100 mm betragen. Durch die häufige Verankerung verteilen sich die Lasten, sodass relativ schwache

Rechts: Eine Zierde für das ganze Haus: Rebspalier und Hängepelargonien

Schrauben (8 mm) genügen. Der Abstand von der letzten Verankerung bis zum Ende des Riegels sollte nicht mehr als 40 cm betragen, um hässliche Verwindungen zu vermeiden.

Um eine bessere Hinterlüftung der Laubwand zu erreichen, kann man den Abstand zur Mauer vergrößern. Das muss aber konstruktiv berücksichtigt werden und ähnelt dann der Anbringung der Pergola an einer Hauswand.

Bei Unterbrechung des Spaliers durch ein Fenster, eine Tür kann es vorkommen, dass die Teilung der Latten nicht aufgeht. Man behilft sich, indem man die Abstände um wenige Zentimeter verändert. Das fällt nicht auf!

Die Lattung beginnt 20 bis 30 cm unterhalb der Maueroberkante oder der Traufe und endet 20 bis 30 cm oberhalb des Bodens oder des Simses. Doppellattung in Quadraten oder gar Rhomben wirkt unruhig, unschön und ist außerdem materialintensiver.

Exaktes Arbeiten mit Schlauchwaage, Richtscheit mit Wasserwaage sowie Lot ist Voraussetzung. Man lote jede Latte ein! Diese werden dann nur geschraubt.

Natürlich können auch industriell gefertigte Rankhilfen verwendet werden. Den Gartenfreund reizt der Eigenbau!

Pergolen für Terrassen, Sitzplätze und Eingänge

Die Möglichkeiten einer Pergola zur Raumbildung im Grünen werden noch viel zu selten genutzt. Pergolen gren-

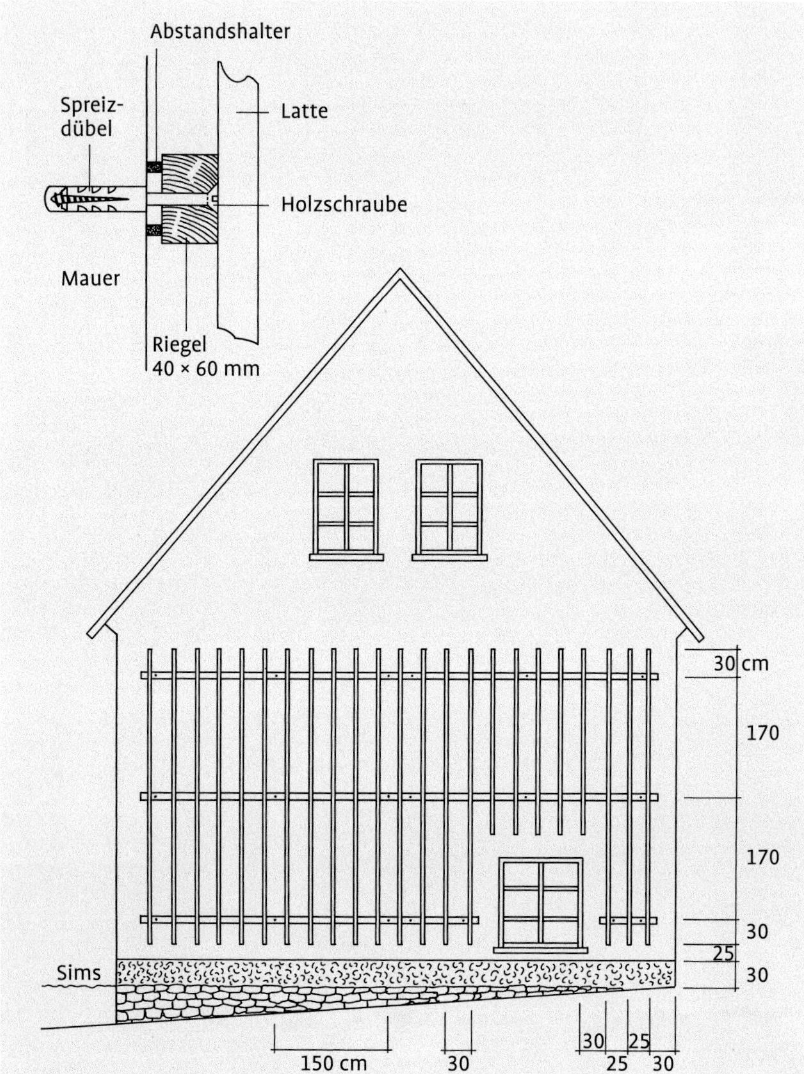

Beispiel für die Anbringung eines Spaliers an einer Hauswand. Die Detailzeichnung zeigt die Montage mit Dübeln an der Wand

Eine vorbildliche und handwerklich sorgfältig gebaute Pergola

zen optisch auch zum Himmel ab und lassen den Blick frei ins Grüne. Sie schaffen „Wohnzimmeratmosphäre“. Eine gestalterische Sonderform bilden Pergolen mit kurzen Reitern.

Mehr noch als bei Spalieren muss bei Pergolen die Eigenwirksamkeit beachtet werden, was konstruktiv als auch bei der Bepflanzung zu beachten ist.

Gewissenhaftes Arbeiten, um den optischen Reiz zu erhöhen, ist ebenso notwendig wie die wohl bedachte Bepflanzung, denn Fehler sind bei der Pergola besonders augenscheinlich. Bei vollem Bewuchs muss auch im Sommer immer ein Stück Pergola sichtbar sein. Durch regelmäßigen Schnitt lässt sich das bei Reben leicht erreichen.

Wer handwerklich zwei „linke Hände“ besitzt, sollte dem Fachmann (Bautischler, Zimmermann) seine Vorstellungen mitteilen und ihn mit der Ausführung beauftragen. Das ist zwar teurer, aber sicherer, und sicher muss eine Pergola sein.

Unter Umständen lassen sich auch industriell vorgefertigte Pergolen an die örtliche Situation anpassen.

Hier werden nur einige konstruktive Grundsätze mitgeteilt.

Eine Pergola wird meist einseitig mit dem Haus verbunden. Die Pfosten (10 × 10 cm) stehen auf einbetonierten verzinkten Doppelbacken (siehe Zeichnung, Seite 36) mit nötigem Abstand (10 bis 15 cm) vom Boden, um frühzeitiges Verrotten zu verhindern.

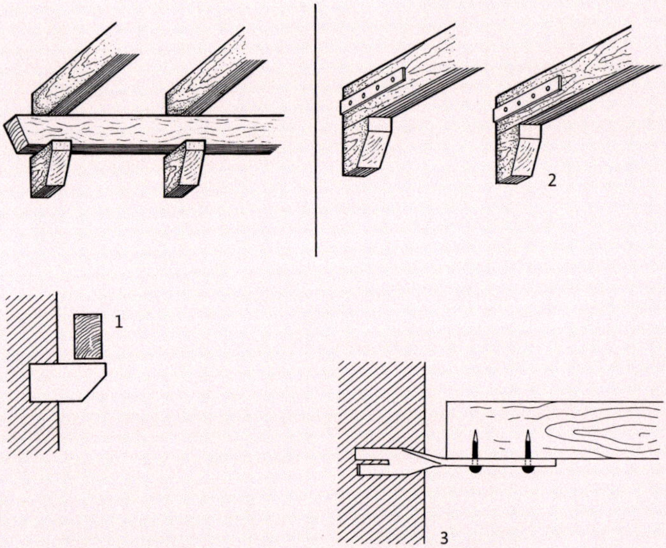

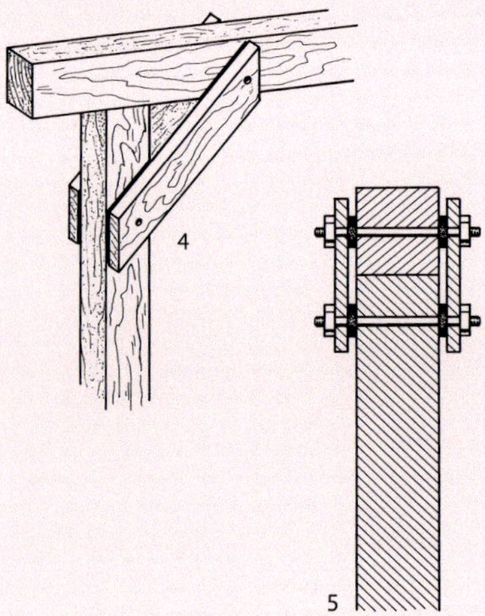

Wichtige Konstruktionsprinzipien für eine Pergola

1 Pfette auf Konsolen, Reiter auf der Pfette, senkrecht zur Wand. Das Detail zeigt die Pfette im Querschnitt auf einer in der Wand eingelassenen Steinkonsole

2 Reiter einzeln an der Wand verankert, mit Konsolen

3 Reiter einzeln an der Wand, ohne Konsolen

4 Hier sichern Knaggen die Stabilität der Stützen-Pfetten-Verbindung

5 Abstandshalter lassen das Wasser ablaufen

Beispiel für die Anbringung eines Spaliers an einer Hauswand. Die Detailzeichnung zeigt die Montage mit Dübeln an der Wand

Verstrebungen sichern die Standfestigkeit einer Pergola und können ein dekoratives Element sein, wenn sie wie hier gearbeitet und so vorbildlich mit Holznägeln verzapft sind

Die Pergola besteht aus dem tragenden Holzgerüst (Stützen und Pfetten) und den darauf verzahnten Querhölzern (Riegel, Reiter) mit dem bevorzugten Querschnitt von 10 × 5 cm. Die Riegelabstände sollten bei etwa 50 cm liegen.

Es ist falsch, die Pfetten oder Riegel einzumauern. Es besteht Fäulnisgefahr und schlimmstenfalls droht Hausschwamm.

Die Pfette an der Hauswand wird mittels Spreizdübel im optimalen Fall auf eingemauerte steinerne Konsolen aufgeschraubt. Dicke Winkel (10 mm) an die Wand geschraubt, sind optisch wenig attraktiv. Bei einem Abstand Pfette – Haus von 20 cm werden die Reiter mit 5 cm Überstand aufgeschraubt.

Pfetten und Stützen werden durch Zapfenverbindungen zusammengehalten. Allerdings ist dafür handwerkliches Geschick nötig. Die seitliche Unverschiebbarkeit der Stützen mit den Pfetten wird durch angebrachte Knaggen oder mit gezapften Kopfbändern erreicht.

Die nachträgliche Zapfung durchdringt die Imprägnierschicht und ermöglicht Ansatzpunkte zum Verrotten des Holzes. Solange Holz aber keinen Bodenkontakt besitzt, haben selbst nichtimprägnierte Hölzer eine jahrzehntelange Lebensdauer, was eigene Erfahrungen beweisen.

Die Reiter werden mit langen Holzschrauben in vorgebohrte Löcher geschraubt. Ein wasserdichter Verschluss (Silikon, Abdeckdübel der Gerüstbauer) der versenkten Schrauben ist ganz wichtig.

In bestimmten Gartenbereichen kann eine Pergola mit kurzen Reitern von 60 bis 100 cm Länge vorteilhaft sein. Für eine ausreichende Stabilität sind dann zwei dicht beieinander liegende Pfetten vorteilhaft. Sie werden links und rechts mit Auflage auf die Stützen gezapft. Die beiden Pfetten ragen 2 bis 3 cm über die Stütze hinaus.

Laubengänge

Laubengänge sind Übergangsformen vom freistehenden Spalier zur Pergola. Viele alte Winzergrundstücke besitzen solche malerischen Laubengänge vom Hoftor bis zur Haustür. Sie können vom Erdboden an begrünt sein; ebenso kann, wie bei einer Pergola, nur das Dach begrünt werden. Die Abspannung mit Draht ist eine zweckmäßige Möglichkeit. Jedoch ist die horizontale Lattung optisch wirkungsvoller.

Die Laubenbreite richtet sich nach den baulichen Gegebenheiten: Hauseingang, Hofeinfahrt oder Garageneinfahrt.

Bogengänge mit einem Halbbogen aus Stahlrohr sind aufwendig. Gleichgültig, ob sie mittels Lattung oder Drahtbespannung gestaltet wurden, die Rohre müssen gebohrt werden und bei der Lattung müssen sogar Gewinde geschnitten werden. Reibeschäden beugt man mit eingesetzten Plastikhülsen vor. Die beiden Endbogen erhalten Innenstützen, um die Zugkräfte aufzunehmen. Die Holzlatten- oder Drahtabstände sollten 30 cm nicht übersteigen. Der Aufwand für die sommerlichen Laubarbeiten ist relativ hoch.

Tafeltrauben im Kübel

Die Topfobstkultur erlebte im Barock einen Höhepunkt. Heute sind Reben im Kübel großstadtgemäße Balkonkinder. Sie verströmen südliches Flair. Der geringe zur Verfügung stehende Bodenraum macht mehr Pflege und Aufmerksamkeit notwendig, Hauptproblem bleibt aber die Überwinterung.

Bei freistehenden Kübeln kommt nur die Einzelpfahlunterstützung in Frage. Um die Standfestigkeit zu erhöhen, muss der Pfahl auf dem Kübelgrund einen Dreifuß erhalten. An Rankgittern, die an einer Mauer befestigt sind, muss im Herbst vorgeschnitten werden; die Rebe wird gelöst und kann dann eingeräumt werden. Wichtig ist ein großer Kübel von 40 bis 50 cm Durchmesser. Als Boden wird eine humose lehmhaltige Erde empfohlen. Regelmäßige Düngung und Bewässerung sind, wie bei allen Kübelpflanzen, Vorbedingung. Achtung: Reben sind staunässeempfindlich!

Bei Kübelreben können natürlich auch frostempfindliche Sorten verwendet werden.

Die Überwinterung entscheidet den Erfolg. Eine frostfreie und dunkle Überwinterung ist am besten, gelegentlicher leichter Frost schadet nicht. Das Einräumen erfolgt erst bei nahenden Temperaturen um −10 °C. Ausgeräumt wird so früh als möglich. Auch hier ist die −10-Grad-Schwelle Richtwert. Sollte dann doch noch einmal Frost unter −10 °C eintreten, wird kurzfristig nochmals eingeräumt.

Vor dem Einräumen wird, um Platz zu sparen, vorgeschnitten.

Für die Unterbringung und Pflege im Winterquartier gelten die gleichen Grundsätze wie für alle anderen, weniger empfindlichen Kübelpflanzen wie Ölbaum, Feige, Lorbeer, Granatapfel u. a.

Tafeltrauben im Wintergarten und Gewächshaus

Die Tafeltraubenkultur besitzt in Belgien und Großbritannien eine lange Tradition. An Fürstenhäusern und beim Großbürgertum befriedigten Tafeltrauben, je großbeeriger und großtraubiger desto besser, das Repräsentationsbedürfnis.

Nur in hohen, geräumigen Wintergärten und Gewächshäusern lohnt der Aufwand. Die Stehwandhöhe im Gewächshaus sollte wenigstens 1,50 m betragen. Die Erziehung richtet sich nach der Größe des Gewächshauses und möglichen Nebennutzungen. Im kleinen Hobbygewächshaus mit nur wenigen Quadratmetern Grundriss sollte man die Rebkultur nicht versuchen, weil dann andere Kulturen unmöglich sind.

Im Kalthaus treibt die Rebe früh aus und nimmt anderen Kulturen das Licht. Selbst in großen, hohen Gewächshäusern verbietet sich Gemüse als Unterkultur, da Reben im Haus noch häufiger gegen Pilzkrankheiten gespritzt werden müssen. Mit pilztoleranten Sorten fehlen noch die Erfahrungen.

Im Gewächshaus wird die Unterstützung an den Sprossen befestigt. An der Stahlkonstruktion des Hauses werden die Flacheisen mit Bohrungen für die Drähte angeschweißt. Die Abstände der Drähte entsprechen denen im Freiland. Abstände von mehr als 50 cm erschweren die Laubarbeit. Das Gewicht der Unterstützung samt Reben mit Trauben muss bei den Sprossen berücksichtigt werden. Der Abstand vom Glas sollte mindestens 30 cm betragen, um die Hinterlüftung zu sichern. Außerdem werden so Blattverbrennungen durch Sonneneinstrahlung am Glas vermieden.

Talutmauern

Eine Talutmauer ist eine Mauer, die einen kleinen Dachvorsprung hat, an den man bei Bedarf eine Glasscheibe lehnen kann. Diese Konstruktion funktioniert dann wie ein Gewächshaus. Die deutsche Übersetzung für Talutmauer ist „Sonnenwand“.

Durch geschicktes Lüften und geeignete Sortenwahl ist es möglich, dass die Reben bereits im März beginnen, zu treiben.

Die wärmespeichernde Wirkung von Mauern ist bekannt, ebenso wie die Wirkung der Sonnenstrahlen unter Glas. Da liegt es auf der Hand, beide Effekte in Form der „Sonnenwand“ zu kombinieren.

Berühmte Talutmauern kann man heute im „preußischen Versailles“ betrachten, in Potsdam-Sanssouci. Sie bilden die Terrassen des Schlosses. Ein über 140 Jahre altes Talutmauersystem ist in Radebeul zu finden.

Neben Wein können auch alle anderen Edelobstsorten an Talutmauern kultiviert werden.

Anbaupraxis

Pflanzung

Die Qualität des Pflanzmaterials und die Sorgfalt bei der Pflanzung sind wichtige Voraussetzungen für den späteren Erfolg. Die Reben sind beim Kauf sofort auf die äußere Qualität zu prüfen. Auf folgende Kriterien ist besonders zu achten.

1. Bewurzlung

Bei Propfreben müssen sich am Fuß der Wurzelstange, gleichmäßig verteilt, mindestens drei ausgereifte, braune, verzweigte Wurzeln befinden; bei Topf- und Containerreben kontrolliert man die Durchwurzelung des Erdballens – die Wurzelspitzen müssen gelblich weiß aussehen. Man scheue sich nicht, die Rebe mit einem leichten Schlag auf die Topfkante auszutopfen!

2. Trieb und Veredlungsstelle

Der Trieb muss bei unbelaubten Pfropfreben mindestens zwei ausgereifte Augen aufweisen. Die Veredlungsstelle muss rundum gleichmäßig verwachsen sein. Man kontrolliert dies mit der Druck- und Drehprobe. Bei wurzelechten Reben entfällt die Probe.

Bei Pflanzen, die während der Vegetation gekauft wurden, achte man auf zügiges Wachstum, was an der gekrümmten Triebspitze zu erkennen ist. Außerdem achte man in Gartenmärkten darauf, dass die Reben im Frühjahr geschnitten wurden (Was häufig nicht der Fall ist; die Länge des verholzten Triebes ist kein Gütemerkmal!).

3. Gesundheit der Reben

Die Reben müssen frei von sichtbaren Schädlingen und Krankheiten sein; bei Wurzelpfropfreben ist besonders auf Grauschimmel zu achten, bei Topfreben auf Echten und Falschen Mehltau.

Reklamationen sind sofort, spätestens jedoch 24 Stunden nach dem Erwerb/Erhalt geltend zu machen.

4. Innere Qualität

Die Prüfung der inneren Qualität – Sortenechtheit und Ertragsfähigkeit – ist beim Kauf nicht möglich und leider später auch kaum reklamierbar. Sicherheit geben Zertifikate zu Sorten, Klonen, Unterlagen und Virusfreiheit.

An der Belaubung sind einige Sorten im Jugendstadium erkennbar. Die Herbstfärbung gibt Hinweise zur Beerenfarbe.

Der Kauf von Pflanzgut bleibt jedoch immer Vertrauenssache!

Pflanzzeit und Pflanzabstände

Durch das differenzierte Angebot an Wurzelreben, Topf- und Containerreben kann das ganze Jahr, bis auf Zeiten mit Bodenfrost, gepflanzt werden.

Bei Wurzelpfropfreben ist sowohl der Zeitraum von März bis Mai als auch von Oktober bis zum Eintritt von Bodenfrost, meist Mitte Dezember, Pflanzzeit.

Bei den Winzern hat sich allerdings die Frühjahrspflanzung durchgesetzt. Herbstpflanzungen verursachen größere Ausfälle.

Können Wurzelpfropfreben nicht sofort gepflanzt werden, sind diese an einem zugfreien, schattigen und kühlen Ort samt Trieb in Erde, gut eingewässert, einzuschlagen.

Kühlräume können für diesen Zweck ebenfalls genutzt werden.

Die Erziehungsart bestimmt den Pflanzabstand

Da im Hausgarten der Einsatz von Maschinen selten eine Rolle spielt, beeinflussen Maschinengrößen die Pflanzabstände nicht. Soll aber in einem großen Garten eine Rebfläche angelegt werden und ist der Gartenbesitzer Eigentümer einer Motorhacke, dann sollte der Pflanzabstand darauf abgestimmt werden (Breite der Motorhacke + 2×30 cm Unterstockstreifen).

Im Hausgarten richten sich die Pflanzabstände nach der Erziehungsart, der Form der Unterstützung, dem der Rebe zugedachten Platz und der Wuchskraft der Rebe. Bei mehrreihiger Pflanzung muss auch die gegenseitige Beschattung beachtet werden. Das Verhältnis von Unterstützungshöhe zu Reihenbreite sollte dabei gleich bzw. unter 1 sein. Die Nachbarschaft größerer Gehölze muss vermieden werden.

Freistehende Spaliere

Bei einem freistehenden Spalier muss bedacht werden, dass es eine durchschnittliche Laubwanddicke von 50 bis 70 cm erreicht, weshalb eine Entfernung von 50 bis 70 cm vom Sitzplatz oder Weg einzuhalten ist.

Da diese Spaliere meist als Sichtschutz dienen, sind Stockabstände zwischen 1,00 und 1,50 m am zweckmäßigsten. Gleiches gilt für Laubengänge.

Wandspaliere

Die Pflanzentfernung an Wandspalieren kann sich ganz nach der Wuchskraft der Sorte und der Erziehungsart richten.

Bei hohen aber schmalen Wänden bietet sich der vertikale Kordon an. Pflanzabstände um 1,50 m sind hier am zweckmäßigsten.

Bei niedrigen, aber langen Wänden bietet sich der waagerechte Kordon an. Eine gewisse Wuchsstärke vorausgesetzt, sind Pflanzabstände bis 3,00 m und mehr möglich. Es dauert allerdings Jahre, bis der Rebstock diese Entfernung ausfüllt. „Bleiber-Weicherpflanzungen“ (um rasch die Fläche zu füllen, wird mit der Absicht, später jede 2. Rebe zu roden, doppelt dicht gepflanzt) sind denkbar; aber welcher Gartenfreund bringt es über das Herz, nach Jahren lieb gewordene Sorten zu roden.

Pergolen

Bei Pergolen sind die Stockabstände von untergeordneter Bedeutung, da die Vertikale meist nur zur Stammbildung dient. Kordon, Bogen und Zapfen liegen in der Waagerechten auf den Reitern. Somit können die Stockabstände den Raumverhältnissen angepasst werden. Unter 1,00 m sollte man jedoch nicht pflanzen. Bei zu großen Abständen dauert es zu lange, bis die Rebstöcke die Pergola bedecken. Wie bei den Wandspalieren kann man sich mit der Bleiber-Weicherpflanzung behelfen.

Vorbereitung der Reben

Wässern

Topfreben oder Containerreben werden vor der Pflanzung gründlich gegossen.

Wurzelpfropfreben sind vor der Pflanzung 24 bis 36 Stunden in nicht zu kaltem Wasser zu wässern, da sie eine gewisse Zeit benötigen, um das Bodenwasser zu nutzen. Die gesamte Pfropfrebe wird dazu in das Wasser getaucht. Bei der Pflanzung stellte man früher die Reben in einen dünnen Lehmbrei.

Direkter Sonnenschein und Zugluft sind bei der Pflanzung zu vermeiden. Man deckt die Reben am besten mit einem feuchten Sack ab und legt sie in den Schatten.

Pflanzschnitt

Bei Pflanzen ohne Ballen werden die Wurzeln handbreit und die Triebe auf zwei sichtbare Augen zurückgeschnitten. Die im Frühjahr gekauften unbelaubten Topfreben werden ebenso behandelt. Im Mai oder Juni treiben Reben willig aus. Der Vorteil – gerade Stämme!

Bedeckung oder Paraffinierung?

Die Veredlungsstelle der Rebe ist besonders empfindlich und bedarf anfangs des Schutzes. Früher war die Bedeckung des Pfropfkopfes und des auf zwei Augen zurückgeschnittenen Triebes mit lockerer, humoser und sandiger Erde üblich. Die Notwendigkeit einer regelmäßigen Kontrolle auf Verkrustung und ständigen Auflockerns nach Regen, die Gefahr des Vergeilens der Austriebe und des Entstehens von Verbrennungen nach dem Freistellen im Spätsommer sowie die zu entfernenden Edelreiswurzeln sind Nachteile dieser Methode.

Die Paraffinierung des Pfropfkopfes besitzt demgegenüber viele Vorteile und wird heute bereits vom Rebschulbetrieb durchgeführt. Das Paraffin wird dabei bis zum Flüssigwerden erwärmt und die Rebe darin getaucht. Der austreibende Trieb kann das Paraffin mühelos durchbrechen und ergrünt ohne Wachstumsstockung sofort.

Pfropfrebenparaffin kann im Fachhandel erworben werden. Für Einzelreben oder geringe Stückzahlen lohnt sich der Aufwand jedoch nicht.

Pflanzen der Reben

Die Pflanzung gliedert sich in mehrere Arbeitsgänge.

Aus der Wurzellänge und der Breite des Spatenblattes ergibt sich ein Pflanzloch mit 20 × 20 cm Kantenlänge. Die Tiefe richtet sich nach der Pfropfrebe von 32 bis 35 cm zuzüglich des Volumens der Kompostbeigabe. 35 bis 40 cm sind die Regel.

Die Ränder des Pflanzloches dürfen nicht austrocknen. Der Abstand des Pflanzpfahls vom Pflanzlochrand beträgt 5 cm.

Als Pflanzerde wird nur gut verrotteter, abgelagerter Kompost verwendet. Es sollte etwa eine halbe Schaufelfüllung sein, die mit dem standortbürtigen Boden vermischt wird. Bei sehr humosen, garen Gartenböden kann darauf verzichtet werden.

Mit dieser Erdmischung wird auf dem Boden des Pflanzloches ein flacher Kegel gebildet. Darauf werden

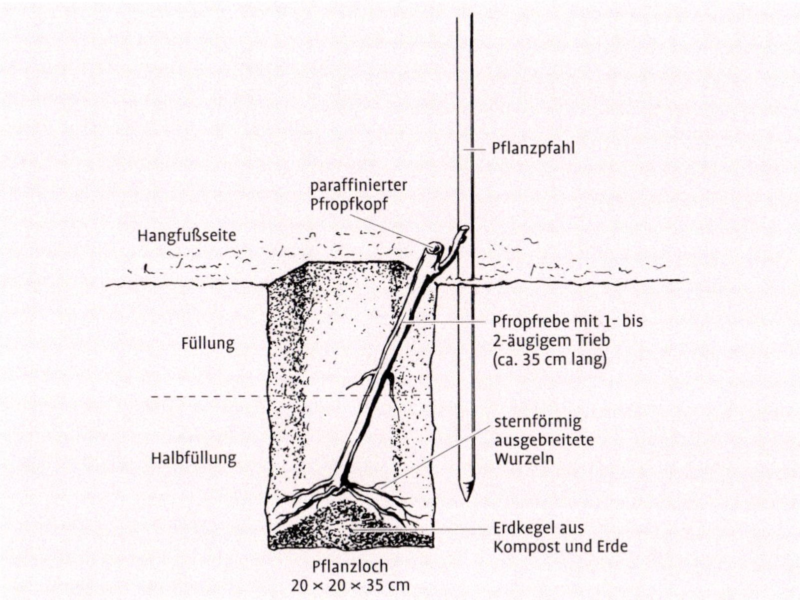

So wird gepflanzt

die Rebwurzeln sternförmig ausgebreitet. Die Veredlungsstelle muss 5 cm über den Rand des Pflanzloches hinausragen. Die Pfropfrebe wird schräg an die Kante des Pflanzloches mit dem Pfahl angelehnt (siehe Zeichnung).

Das Pflanzloch wird zur Hälfte mit Erde gefüllt, diese wird dann angedrückt, um den Wurzeln Bodenschluss zu geben. Damit die Wurzeln nicht antrocknen, muss die Erde rasch eingefüllt werden. Anschließend versorgen 3 bis 5 l Wasser die Rebe mit der nötigen Feuchtigkeit. Nach dem Einsickern des Wassers wird der Rest des Pflanzloches aufgefüllt. Nichtparaffinierte Reben erhalten einen Erdhügel.

Die Pflanzung von Topf- oder Containerreben erfolgt in gleicher Weise, allerdings kann die Pflanzgrube unter Umständen kleiner bleiben. Unveredelte Reben sollen einige Zentimeter tiefer gepflanzt werden als sie vorher standen. Gewässert werden muss ebenfalls mit 3 bis 5 l Wasser.

Dass der Pflanzgrube kein mineralischer Dünger beigegeben wird, versteht sich von selbst.

Pflege der Reben im Pflanzjahr

Die Pflege im Pflanzjahr besteht bei paraffinierten Reben aus drei Arbeiten: dem Anheften des Austriebes und dem Ausbrechen überflüssiger Triebe sowie dem Rebschutz.

Reben an einem Spalier im unteren Bereich eines Fachwerkhauses

Bei nichtparaffinierten Reben müssen die Erdhügel regelmäßig gelockert werden. Das Freistellen erfolgt am besten in einer Schlechtwetterperiode, um Verbrennungen des gebleichten Triebes zu vermeiden.

Der für die Bildung eines geraden Stammes belassene Trieb wird mehrmals am Pflanzpfahl aufgebunden. Die anderen Triebe werden beizeiten ausgebrochen. Die bei Reben zum Wachstumsmuster gehörenden Geiztriebe belässt man, da sie zur Ernährung der Rebe beitragen. Sie werden erst beim Frühjahrsschnitt entfernt. Häufig verholzen sie nicht und fallen mit dem Laubfall ab.

Die Hauptwachstumszeit der Pflanzreben ist der August. 150 cm Trieblänge sind bei guter Pflege möglich. Deshalb sollte von Juni bis Ende August, vor allem in Trockenzeiten, mehrmals kräftig gewässert werden. 10 l Wasser pro Pflanzstelle sind optimal.

Die unmittelbare Umgebung der Reben muss unkrautfrei bleiben. Auch Stauden oder Gehölze sollten nicht in unmittelbarer Nähe vorkommen. Mit Schwarzfolie lässt sich die Umgebung leicht unkrautfrei halten; zudem ergibt sich durch die Abdeckung ein Bodenwärmevorteil, der sich in besserem Wachstum ausdrückt.

Jungreben können wie Ertragsreben von Schädlingen und Krankheiten befallen werden. Ihre Bekämpfung, noch besser aber Vorbeugung, ist im Kapitel „Krankheiten und Schädlinge an Tafeltrauben“, ab Seite 81, beschrieben.

Formierung

Um einen Rebstock seinem Wuchsverhalten gemäß zu formieren und dabei die größtmöglichen Erträge zu erzielen, ist es nötig, das Grundsätzliche über den Bau und Wuchs der Weinrebe zu wissen.

Bau und Leben des Rebstocks

Die Wurzel

Als unterirdischer Teil des Rebstocks hat die Wurzel mehrere Funktionen: Verankerung, Wasser- und Nährstoffaufnahme sowie Speicherung der Reservestoffe.

Pfropfreben besitzen eine sogenannte Wurzelstange von 30 bis 35 cm Länge, an deren Fuß die Wurzeln beginnen. Unser Wissen vom weiteren Verlauf der Wurzeln im Boden ist gering.

Der Spross

Der einjährige Spross trägt Blätter, Ranken und Gescheine (die Blütenstände). Ranken und Gescheine haben den gleichen anatomischen Ursprung, deshalb gibt es alle Übergangsformen. In den Blattachseln sitzen die Augen (Knospen) und in jeder Blattachsel entwickelt sich in unregelmäßiger Länge ein Geiztrieb.

Die Zone mit Blatt, Auge und Ranke wird Nodium, das Zwischenstück zwischen zwei Augen Internodium genannt. Zwei rankenlosen Nodien folgt stets ein rankentragendes Nodium.

Der Spross besteht aus Rinde, Holz mit dem Kambium sowie den auf- und ableitenden Gefäßen und Mark; am Nodium geht das Holz durch den ganzen Spross, das Diaphragma.

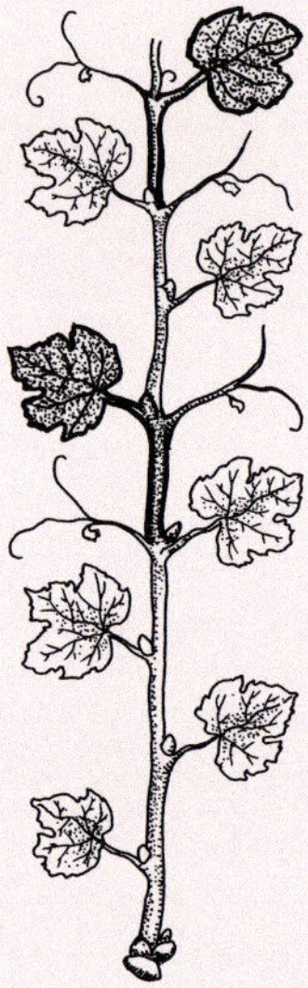

Schematische Darstellung eines Sprosses mit der typischen Dreiergliederung

Die Gescheine werden im Vorjahr gebildet und sind im ruhenden Auge mit dem Mikroskop erkennbar.

Das Auge besteht aus den Knospenschuppen, der Wolle und dem im Kleinen vorgebildeten Spross. Es setzt sich aus dem Hauptauge und zwei Nebenaugen zusammen (siehe Zeichnung, Seite 64). In normalen Jahren treibt nur das Hauptauge aus. Nach Winter- oder starken Spätfrösten treiben die Nebenaugen nachträglich aus und sichern so noch eine kleine Ernte. Es gibt Sorten mit hoher Beiaugenfruchtbarkeit und solche mit geringer Beiaugenfruchtbarkeit.

Blüte, Beere, Samen

Der Blütenstand, das Geschein der Rebe, ist eine Rispe. An ihr sitzen je nach Sorte bis zu mehreren Hundert die Blüten. Sie sind unscheinbar klein und gelbgrün.

Wie bei allen zweikeimblättrigen Pflanzen besteht die Blüte aus je fünf Kelch-, Blumen- und Staubblättern und einem Fruchtblatt, dem Stempel. Bei Erblühen wirft die Rebe die Blumenblätter als Ganzes (Käppchen oder Mützchen) ab, indem diese sich von der Blütenbasis lösen.

Fast alle Sorten sind selbstfruchtbar; es gibt nur wenige Sorten, die nur weiblich sind. Reben benötigen keine Insekten zur Bestäubung; ihr Blütenstaub rieselt durch das Geschein und bestäubt so den Stempel. Manche Sorten sind besonders blühfest, weil sie sich bereits unter nur angehobenem Käppchen bestäuben.

Bei kühlem Wetter (längere Zeit unter 15 °C) mit Regen verrieseln die Reben, das heißt, sie bleiben unbefruchtet und die Trauben tragen dann nur wenige Beeren oder viele Jungfernbeeren. Die entstehende Beere enthält ein bis vier Kerne (siehe Zeichnung, Seite 65). Ohne zumindest induzierte Samenbildung kommt es zu keiner Beerenbildung; auch kernlose Sorten enthalten zurückgebildete Kerne.

Wachstumszyklus der Rebe

Die Wissenschaft hat zur besseren Vergleichbarkeit für die Entwicklungsstadien (ES) der Rebe einen Code geschaffen, den BBCH-Code, der vom Austrieb bis zum Laubfall 100 Entwicklungsstadien beschreibt. Da alle wein-

Rebe mit Blüten, den sogenannten Gescheinen

Das abgeblühte Geschein: der Fruchtansatz ist deutlich

baulichen Maßnahmen von dem Entwicklungsstadium abhängen und nicht vom kalendarischen Datum, ist so ein korrektes Arbeiten gewährleistet.

Insgesamt können die Entwicklungsstadien in sieben Phasen gegliedert werden (siehe Seiten 66/67):

1. Mobilisierung der Reservestoffe ungefähr vier Wochen vor dem Bluten (Austritt von zuckerhaltigem wässrigem Saft an Schnittstellen) im Vorfrühling (ES 00).
2. Verfrachtung in den embryonalen Trieb in der Knospe im März (ES 01 bis 05).
3. Ab April unter Langtag (mehr als 12 Stunden Helligkeit) die Wachstumsphase bis Mitte Oktober (Wollestadium der Knospen bis Ende des Laubfalls); (ES 05 bis 97).

3.1 In die Wachstumsphase eingebettet, erfolgt die Fruchtbildung von der Blüte bis zum Beginn der Reife.

3.2 Das Wachstum der Trauben auf Kosten des Triebwachstums, das Mitte bis Ende August zum Stillstand kommt. Die Stoffbildung stellt sich qualitativ in Richtung Reife um, gleichzeitig beginnt die Reservestoffeinlagerung. Es tritt ein Wachstumsstillstand der Trauben ein und mündet in der Traubenreife.

3.3 Mit dem Ende des Triebwachstums verliert die Knospe Anfang September die Fähigkeit, auszutreiben. Der Kohlenhydratgehalt im Holz steigt bis Ende November.

3.4 Sortenspezifische Nachruhe von Anfang bis Ende November (endo-

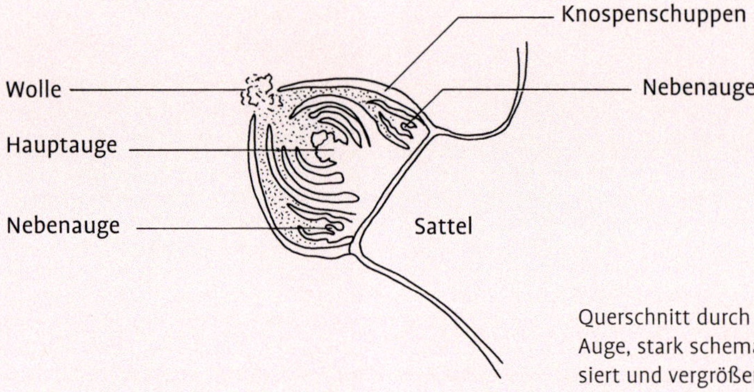

Querschnitt durch ein Auge, stark schematisiert und vergrößert

gene Ruhe). Die Rebe erlangt danach die temperaturabhängige Fähigkeit auszutreiben.

4. Die klimatischen Verhältnisse erzwingen die Knospenruhe (exogene Ruhe) im Dezember bis März (ES 97 bis 00).

Gesetzmäßigkeiten des Triebwachstums

Der Rebschnitt sollte vor dem Knospenschwellen erfolgen. Unter mitteleuropäischen Verhältnissen ist dies Anfang bis Mitte April. Das Bluten erfolgt ein bis zwei Wochen früher. Wird vor dem Bluten geschnitten, trocknet die Schnittfläche ein und das Bluten wird weitgehend verhindert.

Beim Rebschnitt sind einige Gesetzmäßigkeiten zu beachten, die man bei den unterschiedlichen Erziehungsformen nutzt, um das Wachstum an der gewünschten Stelle zu fördern.

Gesetze der Triebförderung

1. **Spitzenförderung:** Beim senkrecht stehenden Trieb wachsen die obersten Triebe am stärksten; das Wachstum lässt zur Basis nach.
2. **Scheitelpunktförderung:** Beim bogenförmigen Trieb wachsen die Triebe auf dem Scheitel am stärksten.
3. **Basisförderung:** Beim hängenden Trieb wachsen die Triebe an der Basis am stärksten.
4. **Oberseitenförderung:** Die Triebe aus den Augen der Oberseite wachsen stärker als die der Unterseite.

Diese Gesetze wirken streng genommen nur bei ungeschnittenen Gehölzen. Bei geschnittenen Reben wirken zusätzlich die Gesetze der Schnittwirkung.

Gesetze der Schnittwirkung

1. Schneidet man einen Trieb oder Stock stark zurück, so treiben die wenigen Augen starke Triebe

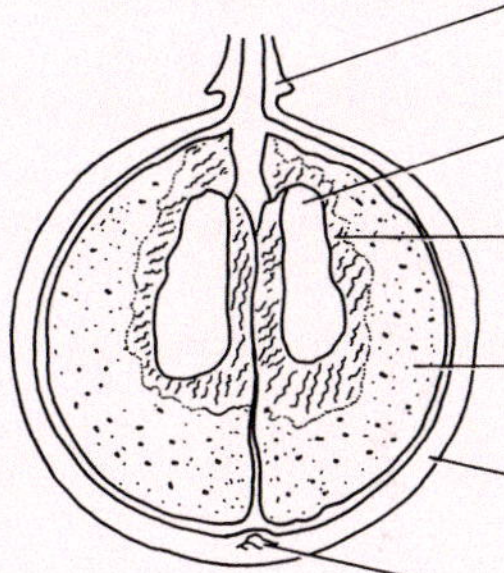

Längsschnitt durch eine Beere

(Pflanzschnitt, Verjüngung, Spät- oder Winterfrostschäden).

2. Schneidet man einen Trieb oder Stock schwach zurück, so treiben viele Augen schwache Triebe (Pergolen, Spaliere).
3. Werden an einem Stock 1. und 2. kombiniert, so erfolgt die Umkehr von 1. und 2. Der Neuwuchs der stark geschnittenen Triebe erfährt eine Schwächung und der Neuwuchs der schwach geschnittenen Triebe erfährt eine Förderung (Bogrebenschnitt mit Zapfen).

Aus dem Zusammenwirken aller Gesetze ergeben sich bestimmte Wachstumsmuster, die bei der Erziehung, insbesondere bei großflächigen Spalieren und Pergolen zu beachten sind.

Insgesamt kann man bei allen Erziehungsformen das modifizierte Fortwirken der Spitzenförderung erkennen.

Verhältnis von Unterstützung und Formierung

Zum Erreichen der gewünschten Wüchsigkeit der Rebe ist eine angemessene Unterstützung notwendig, denn am natürlichen Standort wächst die Rebe an Bäumen und hält sich mit ihren Ranken fest. Um ein ausgewogenes Verhältnis von generativer und vegetativer Leistung zu erreichen und um die Bearbeitung zu ermöglichen, muss geschnitten werden.

Bei tiefgründigen, feuchten Böden ist die Rebe in der Lage, einen ganzen Giebel zu bedecken. Sie braucht dazu allerdings 10 bis 15 Jahre. Wir wollen aber möglichst rasch und viel bei guter Qualität ernten.

Mit geringen Standweiten ist ein hoher Ertrag pro Quadratmeter rascher zu erreichen, wie die Aufstellung auf Seite 68 zeigt. Im Kleingarten sollte aber die räumliche Einordnung in den Gartenraum entscheidend sein. Bei kleinräumigen Unterstützungen, z.B. Sichtschutz bietenden freistehen-

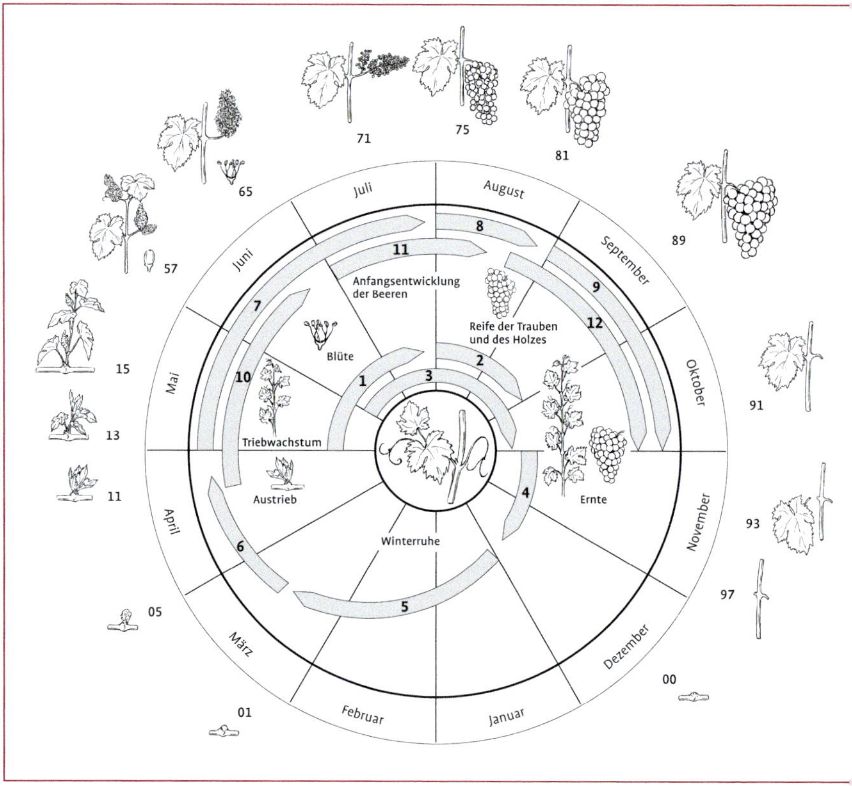

Wachstumszyklus der Rebe (zusammengestellt nach Vogt, E. und Götz, B. (1979): Weinbau. Verlag Eugen Ulmer, Stuttgart, 6. Aufl.; Lorenz et al. (1994): Phänologische Entwicklungsstadien der Weinrebe. Vitic. Enol. Sci 49, 66–70).

00 Winterruhe

01 Beginn des Anschwellens der Knospen

05 „Wolle-Stadium“: brauner Haarbesatz der Knospe wird sichtbar

11 Das erste Blatt hat sich entfaltet und ist vom Trieb abgespreizt

13 3 Blätter entfaltet

15 x Blätter entfaltet

57 Die Gescheine sind voll entwickelt und die Einzelblüten spreizen sich

Vegetative Entwicklung:

1 Bildung der Winterknospen, Hemmung des Austriebs

2 Aufhebung der Austriebsbereitschaft durch abnehmende Tageslänge

4 Wiederherstellung der Austriebsbereitschaft durch niedrige Temperaturen

5 Hemmung des Austriebs durch niedrige Temperaturen

6 Auflaufen der zum Austrieb erforderlichen Temperatursumme

7 Triebwachstum

8 Beendigung des Triebwachstums

9 Reservestoffeinlagerung, Holzreife

Generative Entwicklung:

3 Bildung der Blütenanlagen

10 Entwicklung der Blüten

11 Anfangsentwicklung, Anstieg der Säurekonzentration

12 Reifephase, Anstieg der Zuckerkonzentration, Abbau der Säure

65 Vollblüte: 50 % der Blütenkäppchen sind abgeworfen

71 Fruchtansatz: Fruchtknoten vergrößern sich, letzte Blütenkäppchen werden abgeworfen

75 Beeren erbsengroß, die Trauben hängen

81 Beginn der Reife: erste Beeren verfärben sich

89 Vollreife der Beeren (Lesereife)

91 Nach der Beerenlese: Holzreife wird abgeschlossen

93 Beginn des Laubfalls

97 Ende des Laubfalls

10 Rebstöcke auf 10 m² Fläche	1 Rebstock an einem Spalier von 10 m²
Ab 3. Standjahr Vollertrag von 1 kg/m² = 10 kg Ertrag pro Jahr	3. Standjahr = 1 kg pro Rebstock, 4. Standjahr = 2 kg pro Rebstock, 5. Standjahr = 3 kg pro Rebstock usw., ab 12. Standjahr Vollertrag von 1 kg/m²
= 80 kg Ertrag in 10 Jahren bei 2 ertraglosen Jahren	= 36 kg Ertrag in 10 Jahren bei 2 ertraglosen Jahren

den Spalieren, sollte die Rahmenhöhe 2,00 m nicht unterschreiten, um wenigstens 1,50 m lange Triebe anbinden zu können.

Technik des Rebschnitts

Der Rebschnitt ist die wichtigste kulturtechnische Arbeit am Rebstock. Von seiner Qualität hängt wesentlich der Erfolg ab.

Der günstigste Zeitpunkt für den Schnitt ist der März, auch der Februar. Man sollte vor dem Bluten schneiden, sonst besteht die Gefahr, dass die obersten Augen regelrecht „ertrinken“. Der einjährige Trieb wird gerade und glatt oder besser schräg vom Auge weg 1 bis 2 cm über einem Auge abgeschnitten. Beim Abschneiden vom mehrjährigen Holz lässt man einen Stummel von 1 cm stehen, da die Rebe nicht wie andere Obstarten die Schnittstelle überwallt. Jahrestriebe am mehrjährigen Holz werden glatt am Stamm abgeschnitten, denn dort befinden sich viele austriebsbereite Knospen. „Sauberer Schnitt ist die beste Laubarbeit“; hässlich sind die häufig anzutreffenden „Kleiderhaken“.

Durch den Klimawandel treten neuerdings am alten Holz Pilzkrankheiten, Esca genannt, auf, die bisher nur in Südeuropa bekannt waren. Es wird deshalb empfohlen, größere Schnittwunden mit künstlicher Rinde zu schließen, um das Eindringen der Pilze zu verhindern.

Schere, Säge, Bindematerial

Bis in das 19. Jahrhundert wurde mit der Hippe geschnitten. Im 20. Jahrhundert haben sich die Scheren durchgesetzt. Wichtig sind eine scharfe Klinge und ein nicht zu breiter Backen, der beim Putzen hindert. Eine schlanke Spitze ermöglicht es, problemlos eng stehende Triebe zu schneiden. Scheren sind nach Größe und Händigkeit auswählbar. Rollgriffscheren ersparen bis 30 % Kraft und eignen sich daher besonders für Frauen.

Mit der Schere sind Stockteile bis maximal 25 mm Stärke zu schaffen. Ohne Säge kommt man daher nicht aus. Klappstichsägen, am Gürtel zu tragen, sind am besten geeignet.

Das klassische Bindematerial des Winzers ist die Weide.

Für den Hausgarten haben sich in Pappe eingelegte dünne Drähte bewährt. Sie verrotten teilweise bis zum nächsten Schnitt.

Die Industrie bietet eine große Zahl verschiedener Plastikbinder an. Am

Schere, Säge, Heftzange und Bindematerial

besten haben sich diese wegen ihrer Dauerhaftigkeit für Stammbindungen bewährt. Für Bogenbindungen sind sie zu teuer oder man muss diese in einem zusätzlichen Arbeitsgang wieder zurückgewinnen.

Bewährt haben sich Heftzangen. Modelle mit Plastikband sind ebenso wie solche mit Draht auf dem Markt. Letztere binden den Bogen fester.

Erziehung vom 1. (Pflanzjahr) bis zum 3. Standjahr

Das Pflanzjahr und das 2. und 3. Standjahr gleichen sich weitgehend bei allen Erziehungsmethoden.

Ist der Zuwachs aus dem 1. Standjahr unter Bleistiftstärke des Triebes, schneidet man die Rebe nochmals auf ein bis zwei Augen zurück. Sie wird dann wie eine des Pflanzjahres behandelt.

Schnitt auf Stammhöhe

Die gewünschte Stammhöhe ist immer auf einmal anzuschneiden. Dabei gibt es eine Ausnahme: Bei Pergolen mit Stammhöhen bis 2,50 m wird der Stamm in zwei Etappen aufgebaut.

Glatte, auf einmal angeschnittene Stämme behindern den Saftfluss nicht.

Hat der Trieb an der Anschnitthöhe Bleistiftstärke erreicht, wird er in der gewünschten Höhe glatt 1 bis 2 cm über einem Auge angeschnitten. Der Trieb wird sauber geputzt und mehrfach fest an den Pflanzpfahl angebunden. Der Stamm kann den Stock zumindest in den ersten Jahren nicht tragen, deshalb sollte der Pflanzpfahl,

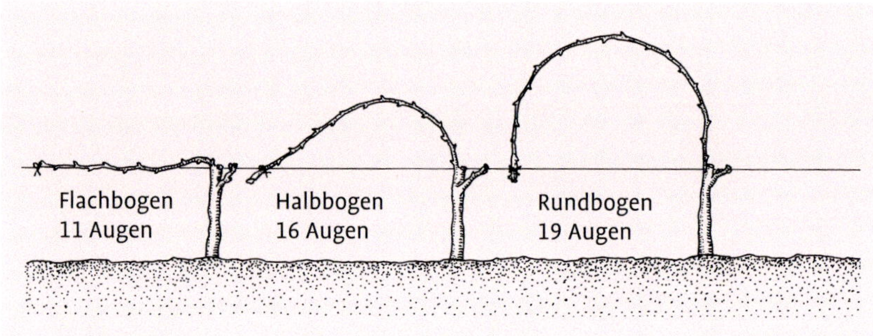

Mittelhohe Erziehung mit Flach-, Halb- und Rundbogen

den Rebstock möglichst ständig begleiten.

In einem kleinen Rebgarten sind Stammhöhen von 0,60 bis 1,00 m am zweckmäßigsten. Unter 0,60 m soll man wegen der Belüftung nicht gehen. Für eine Pergola, gute Holzreife vorausgesetzt, schneidet man in 1,50 m Höhe den Stamm an, um ihn im Folgejahr auf die Endhöhe anzuschneiden.

Man beachte: Um eine ausreichende Belichtung zu gewährleisten, sollte die Rahmenhöhe die Gassenbreite nicht überschreiten; man halte immer das Verhältnis von 1 : 1 ein!

Bei freistehenden oder wandbekleidenden Spalieren kann sich die Stammhöhe ganz nach den individuellen Wünschen richten. Gedanklich muss aber vorausgeplant werden, wie das vollständig ausgefüllte Spalier aussehen soll.

Bei geplantem Sichtschutz und am Hang ist es vorteilhaft, etwas höhere Stammhöhen zu wählen, da sonst der Sichtschutz nur unzureichend ist. Allerdings werden dadurch von der Hangfußseite die Laubarbeiten erschwert.

2. Standjahr

Nach Mitte Mai, die jungen Triebe sind zumeist schon 5 cm oder länger, streift man alle Triebe bis auf die obersten drei ab, damit die verbliebenen stark genug werden. Sie müssen senkrecht bis fächerförmig angebunden werden. Spätestens im 2. Standjahr muss deshalb die Unterstützung gebaut werden.

3. Standjahr

Bei normaler Entwicklung entwickeln sich die drei belassenen Triebe zu meterlangen Trieben; im 3. Standjahr benötigen wir nur zwei Triebe zum Anschnitt. Der dritte Trieb dient als Reserve.

Es wird ein Zapfen mit zwei Augen und ein acht- bis zehnäugiger Bogen angeschnitten, wobei der Zapfen immer unter dem Bogen stehen muss, um eine rasche Überbauung durch die Spitzenförderung zu vermeiden.

Beim Zapfenschnitt muss darauf geachtet werden, dass der Zapfen nach dem Biegen neben dem Bogen steht. So werden Verdichtungen der Laubwand vermieden.

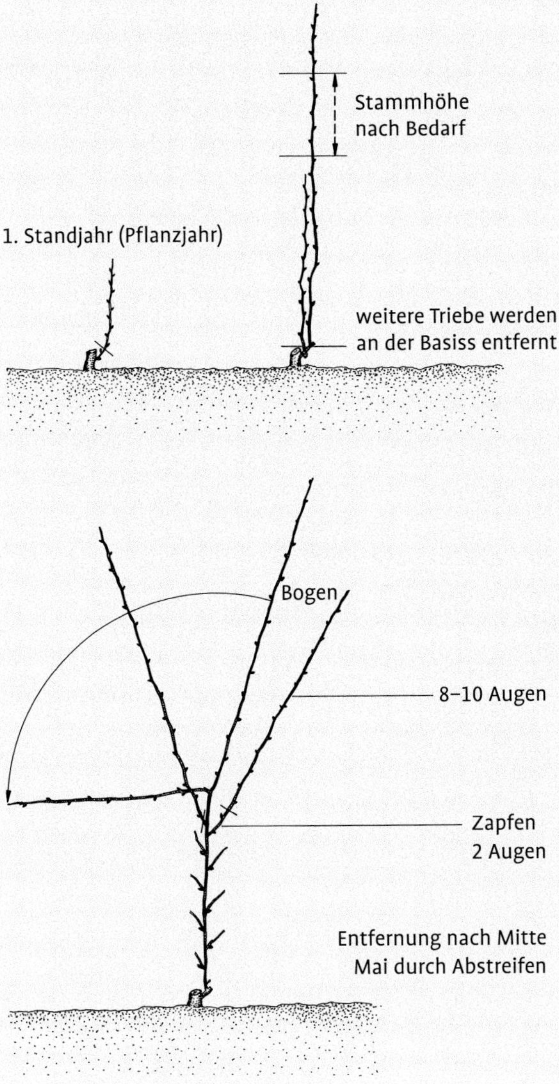

Schnitt und Formierung vom 1. bis zum 3. Standjahr für alle Erziehungsarten

Wenn der Bogen die künftige Stammverlängerung oder ein künftiger Hauptast des Kordons sein soll, muss er beim Biegen als Flachbogen angebunden werden. Dabei immer über den Stamm biegen, da sonst die Gefahr des Ausreißens besteht.

Bei allen Laubarbeiten ist darauf zu achten, die für den Schnitt im kommenden Jahr benötigten Triebe möglichst in die richtige Lage zu bringen und nicht zu tief zu gipfeln. Das erleichtert die Formierung! Vorausdenken ist also nötig!

Rebschnitt im Hausweingarten

Die Formierung für den Weingarten hat sich im 3. Standjahr bei Standweiten von 1,00 bis 1,50 m Stockentfernung und 1,40 bis 2,00 m Reihenentfernung, normales Wachstum vorausgesetzt, im Wesentlichen vollzogen. Bei den größeren Reihenentfernungen, etwa 1,50 bis 2,00 m, benötigt man ein Jahr mehr, weil zwei Bögen oder ein sehr langer angeschnitten werden müssen. Man hüte sich jedoch, trotz starken Wachstums das bereits im 3. Standjahr zu vollziehen! Der junge Rebstock besitzt noch nicht das erforderliche tief gehende Wurzelsystem!

Schließlich gilt ständig das gleiche Prinzip: Stamm, Zapfen und ein oder zwei Bogen (siehe Zeichnung, Seite 70).

Man rechnet mit 6 bis 10 Augen/m^2 und zwei weiteren Augen als Reserve. Erfrorene Augen zeigen im Messerquerschnitt kein Grün mehr! Man schneidet dann entsprechend mehr an.

Formierung und Rebschnitt an Spalieren

Die ersten drei Jahre gleichen für alle Erziehungsarten der Abbildung auf Seite 71. Die weiteren Schritte bei der Formierung eines wandbekleidenden oder freistehenden Spaliers unterscheiden sich nicht. Entsprechend der zu bekleidenden Fläche wird es bei ersterem Spalier allerdings einige Jahre länger dauern.

Bei freistehenden Spalieren oder langen zu bekleidenden Mauern, die nicht über 2,50 m hoch sind, ist die mittelhohe Erziehung wie im Weingarten am vorteilhaftesten. Man kann natürlich ein- oder zweiarmige Kordons mit Zapfen und Bogen formieren, vor allem bei größeren Stockabständen. Bei höheren Wänden sind mehretagige waagerechte oder senkrechte Kordons zu formieren (siehe Seite 74).

Wer besonders exakte Kordons liebt, achte beim Schnitt darauf, nur Triebe von Oberseitenaugen anzuschneiden. Unterseitenaugen führen zu unschönen Bogen, bevor die senkrechte Wuchsrichtung erreicht ist.

Für hohe, schmale Flächen empfiehlt sich der senkrechte Kordon mit oder ohne kurze Seitenarme.

Eine Sonderform des Kordons bildet der U-förmige Kordon; zwei gleichstarke und gleichrangige Triebe werden zu einem U formiert (siehe Abbildung, Seite 75).

Die Gestaltung kann auch wesentlich ungezwungener erfolgen, aber immer ist auf die gleichmäßige Verteilung der Bogen und Zapfen zu achten,

Ein Rebspalier bildet hier einen ruhigen Hintergrund für bunten Sommerflor

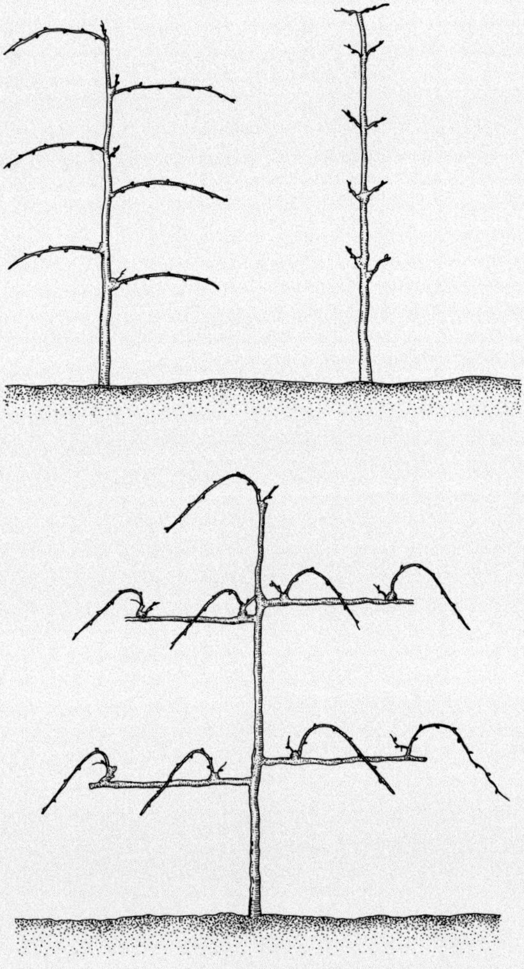

Kordonformen. Oben: Senkrechter Kordon mit Zapfen und Bogen, Stockentfernung 1,50 m (links) und senkrechter Kordon mit Zapfen, Stockentfernung 0,80 bis 1,00 m (rechts). Unten: Waagerechter Kordon mit drei Etagen mit Zapfen und Strecker-Bogen ab 2,50 m

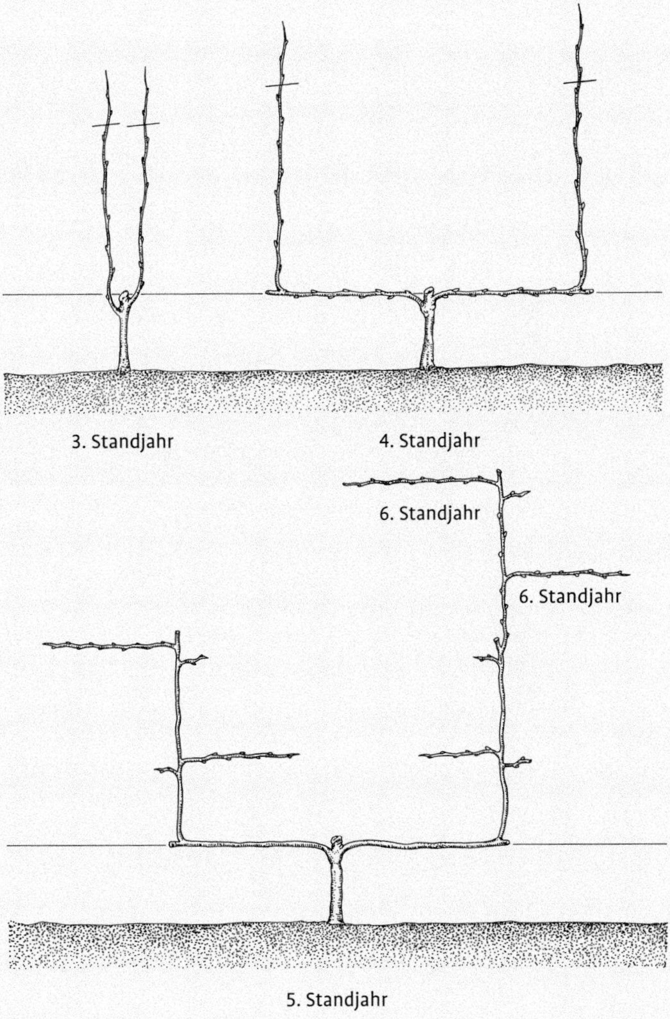

U-förmiger Kordon im 3. bis 6. Standjahr

um im Sommer Laubverdichtungen zu vermeiden.

Die zu bekleidende Fläche soll sich allmählich füllen. Dieser Weg sichert das richtige Wurzel-Laub-Traubenverhältnis. Das in den ersten Jahren noch schwach entwickelte Wurzelwerk wirkt sonst wuchs- und ertragsmindernd und kann zum völligen Zusammenbruch der Rebstöcke führen.

Formierung von Etagen

Die Etagenabstände müssen mindestens 1,50 m betragen, selbst dann ist noch strenge Laubarbeit nötig, denn Rebtriebe können meterlang werden und müssen deshalb zeitig entspitzt werden.

Bei der Formierung werden im 4. Standjahr eine oder beide Seiten der unteren Etage mit einem Zapfen und Bogen angeschnitten. Ein Zapfen nahe dem Bogen erleichtert die Formierung und spätere Verjüngung.

Ein Nasentrieb (Schnabeltrieb, der äußerste Trieb am Bogenende) des Bogens kann im Folgejahr die Etagenverlängerung bilden. Deshalb werden die Bogen immer als Flachbogen gebunden. Ein Zapfentrieb wird als Stammverlängerung angeschnitten. Im Mai werden nur drei bis vier Triebe belassen und im Folgejahr wird daraus ein Bogen mit Zapfen formiert. In den Folgejahren wird in gleicher Weise weiterformiert. So wird der Rebstock schrittweise bis zur endgültigen Form gebracht. Es muss darauf geachtet werden, dass die Etagen sich nach oben pyramidal aufbauen. Das wirkt der Spitzenförderung, Überbauung und Verkahlung der unteren Etagen entgegen und erleichtert die Laubarbeiten.

Durch Verjüngung und Rückfrierungen, mitunter sterben auch Kordonteile ab, wird der strenge Kordon allmählich zu einer freieren Fächerform, zumal viele Sorten an der Basis austreiben, und der Gartenfreund gut beraten ist, diese Stammaustriebe nicht wegzuschneiden, sondern in seine „Formierungsplanung" einzubeziehen.

Formierung und Rebschnitt an Pergolen

Pergolen müssen die Durchgangshöhe eines Zimmers besitzen. Es empfiehlt sich deshalb, die Stammhöhe entsprechend der Höhe der Pergola zu formieren. Das fördert die Belüftung von unten. Selten wird die Stammhöhe von etwa 2,50 m schon im 3. Jahr erreicht. Diese Höhe ist nur in Etappen erreichbar. Schematisch gesehen, verlängert sich der Stammaufbau des 2. Standjahres (siehe Abbildung, Seite 78) um die erforderlichen Jahre.

Mit den beiden obersten Trieben beginnt im 5. Standjahr der Aufbau des waagerechten, der Pergola aufliegenden Kordons. Der Rebstock ist jetzt so kräftig, dass zwei Triebe zu Kordonarmen formiert werden können.

Prinzipiell ist es möglich, bei frostempfindlichen Sorten sogar vorteilhaft, den Stock vom Erdboden an doppelstämmig zu erziehen. Die nachfolgenden Ausführungen sind dann je zur Hälfte auf einen Stamm zu beziehen.

Je nachdem, wo der Stock steht – am Rande, in der Mitte oder an einer Ecke der Pergola –, sind die Triebe, die zum Kordon werden, so zu verteilen, dass im Sommer eine möglichst

Pergola am Hauseingang

gleichmäßige Triebverteilung heranwächst.

Im 5. Standjahr werden die beiden obersten Triebe je nach Holzreife bis zu insgesamt 20 Augen angeschnitten.

Steht der Rebstock am Rand der Pergola, ist es zweckmäßig, die Kordonarme im Winkel von 90° zueinander und je 45° vom Rand her zu formieren.

Bei anderen Pflanzorten an der Pergola wird ähnlich verfahren.

Der weitere Stockaufbau bis zur Ausfüllung der Pergola, und das kann zehn Jahre dauern, erfolgt wie in der Abbildung dargestellt. Dabei sind drei Regeln zu beachten:

1. Beim Schnitt immer die sommerliche Laubverteilung bedenken.
2. Bis zur Pergolaausfüllung immer eine Kordonverlängerung anschneiden.
3. Immer vor dem Bogen einen Zapfen anschneiden, der für ausreichend Ersatzholz sorgt.

Theoretisch verfolgen wir zwar eine rechtwinklige, exakte Formierung. Der Rebstock tut uns diesen Gefallen aber nicht, in rechten Winkeln zu wachsen. Durch Winter- und Spätfröste, später auch durch Absterben ganzer Kordonteile bedingt durch Alterserscheinungen, ist der strenge, geordnete Kordon nicht einhaltbar, sodass zu einer naturnahen Gestaltung der Pergola zu raten ist.

Ist die Pergolafläche ausgefüllt, kommt es darauf an, die richtige Pro-

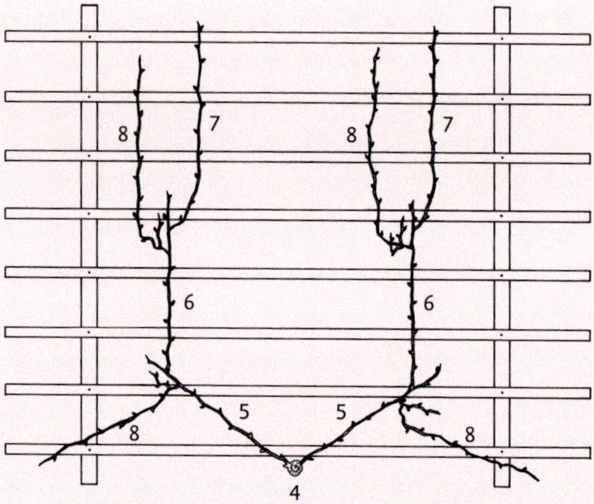

Formierung auf der Pergola vom 4. Standjahr an, von oben gesehen. Die Ziffern bezeichnen die Standjahre

portion zwischen Traubenmenge und Wuchskraft zu finden. Es verbietet sich von selbst, frostempfindliche Sorten zu pflanzen, will man nicht alle paar Jahre wieder mit dem Neuaufbau beginnen. Aus diesem Grund ist der Anschnitt eines Frostzapfens in Bodennähe zu empfehlen, um bei Bedarf darauf zurückgreifen zu können.

Rebschnitt bei Kübeln

Die Formierung der Kübelreben gleicht der der Reben, die im freien Grund stehen. Im Ertragsstadium muss berücksichtigt werden, dass das geringere Bodenvolumen nur geringeres Wachstum zulässt, sodass man entweder nur zwei bis drei Zapfen belässt oder bestenfalls einen Zapfen und einen vier- bis sechsäugigen Strecker anschneidet. Deshalb sind nur am kurzen Holz tragende Sorten als Kübelreben geeignet. Da Kübelreben wie Kübelpflanzen ab −10 °C einzuräumen und so früh als möglich auszuräumen sind, können diese vor dem Ausräumen geschnitten werden.

Rebschnitt im Gewächshaus

Die Formierung der Gewächshausreben gleicht ebenfalls der der Reben, die im freien Grund stehen. Der Rebschnitt ähnelt dem der Pergola, da zumeist wegen der Doppelnutzung des Gewächshauses größere Pflanzabstände gewählt werden. Zu beachten ist, dass selbst im unbeheizten Gewächshaus die Reben wesentlich früher austreiben, sodass entsprechend früher zu schneiden ist. Dies sollte bis spätestens Ende Februar erfolgt sein. Herbstschnitt ist nicht zu empfehlen.

Im unbeheizten Gewächshaus sollte auf einen Frostzapfen nicht verzichtet werden, denn Frostnächste können hier ähnliche Temperaturen wie im Freiland bringen. Im beheizten temperierten Haus erübrigt er sich.

Biegen und Binden

Biegen und Binden, in einigen Weinbaugebieten auch Gerten genannt, sind rebschnittunterstützende Maßnahmen, insbesondere zur Erzielung gleichmäßiger Trieblängen. Zapfen (zwei bis drei Augen) können nicht und Strecker (vier bis acht Augen) müssen nicht gebunden werden.

Bogen kann man als Flach-, Halb- und Rundbogen (siehe Abbildung, Seite 70) biegen. Für Spaliere und Pergolen sind Halbbogen am vorteilhaftesten. Flachbogen erhöhen den Aufwand.

Gebogen wird vor dem Austrieb, spätestens bis Ende April. Sind die Augen über das Wolle-Stadium hinaus, brechen sie bei geringster Berührung ab. Man bindet so fest, dass die Bogen vom Wind nicht losgerissen werden können. Kreuzweises Überbiegen vermeide man, um Laubverdichtungen zu umgehen. Um das Ausreißen der Bogen zu verhindern, biegt man möglichst über den Bogenansatz hinweg. Bei hoher Luftfeuchtigkeit brechen die Bogen am wenigsten. Bei besonders widerspenstigen Bogen kann es nötig sein, Internodie um Internodie biegsam zu machen, indem man den Bogen in beide Hände nimmt und ihn, ohne ihn zu brechen, so weit biegt wie möglich. Splitternde Rinde schadet nicht.

Laubarbeiten

Die Laubarbeiten unterstützen während der Vegetation das Wachstum der Reben und die Entwicklung der Trauben, indem sie den optimalen Lichteinfall schaffen. Sechs Maßnahmen gehören dazu.

1. Das Ausbrechen

Mitte bis Ende Mai, bei etwa 10 cm Trieblänge werden alle Triebe, die unfruchtbar sind und im nächsten Jahr nicht zum Anschnitt oder zur Stockverjüngung benötigt werden, ausgebrochen.

Sie werden an der Austriebsstelle vom vorjährigen Holz getrennt oder vom Stamm abgebrochen, was mühelos gelingt, da die jungen Triebe noch nicht verholzt sind. Dabei sind immer der weitere Stockaufbau und die luftige Laubverteilung zu bedenken. Ausbrechen verursacht wesentlich kleinere Wunden als Schnittwunden im Folgejahr!

Bei der Pergola kann unter Umständen das Ausbrechen unterbleiben. Man berücksichtige das aber beim Schnitt.

2. Einordnen und Heften der Triebe

Einordnen und Heften unterstützen die gleichmäßige Laubverteilung. Zudem wird der nächstjährige Stockaufbau gefördert, indem die Triebe dort geheftet werden, wo der nächstjährige Bogen oder die Kordonverlängerung angeschnitten werden sollen.

Bei Doppeldrähten oder zwischen Wand und Draht genügt das Einstecken. Die Triebe sollen möglichst senkrecht stehen. Nach außen wachsende Triebe müssen geheftet werden. Bei Holzspalieren kann man, entsprechende Trieblänge vorausgesetzt, den Trieb „durchflechten“. Bei Pergolen lässt man den Stock frei wachsen. Durch das Eigengewicht und das Gewicht der Trauben legen sich die Triebe alsbald auf das Gerüst.

Einordnen, Durchstecken und Heften erfolgen regelmäßig vierzehntägig von Juni bis August. Besonders wichtig sind sie zur Hauptwachstumszeit im Juni.

3. Vorentspitzen

Im Weingarten wird das Vorentspitzen nötig, wenn die Triebe 50 bis 70 cm über den letzten Draht hinausgewachsen sind und sich zur Seite neigen. Das tritt Anfang bis Mitte Juli ein.

Man kneift oder schneidet 10 bis 20 cm der Triebspitze ab. Dadurch gewinnt der Winzer zwei bis drei Wochen Zeit, bis sich der oberste starke Geiz als Ersatztriebspitze formiert hat.

Das Vorentspitzen verhindert das Umkippen der Triebe und gewährleistet die gleichmäßige Besonnung in den Rebzeilen. In gleicher Weise sind freistehende und wandbekleidende Spaliere zu behandeln.

Rebstöcke auf Pergolen werden nicht vorentspitzt. Wer einen strengen Kordon liebt, kann, mit viel Aufwand allerdings, jeden traubentragenden Trieb sieben bis acht Blätter über der letzten Traube kappen. Das ist Grünschnitt. Triebe, die nächstjährig benötigt werden, dürfen nicht pinziert werden.

Wird zu früh vorentspitzt, folgen extrem starke Geize, was ein erneutes Vorentspitzen notwendig macht.

4. Gipfeln

Gipfeln ist die letzte Laubarbeit im Jahreslauf. Es erfolgt Ende August/ Anfang September. Im Weingarten werden 30 bis 50 cm über dem letzten Draht alle Triebe abgeschnitten. Auch herausragende Triebe werden entfernt. Die Rebreihe wird zur „Hecke“ gestutzt. Damit gelangen Licht und Luft an die Trauben.

Bei der Pergola unterbleibt das Gipfeln. Nur störende Triebe sind abzuschneiden.

5. Entfernen von Gescheinen oder Trauben

In manchen Jahren und bei manchen Sorten ist die Fruchtbarkeit mit drei bis vier Gescheinen pro Trieb so groß, dass es sinnvoll erscheint, die obersten, meist kleinsten Gescheine oder Trauben zu entfernen. Mehr als zwei Trauben je Trieb führen zur Überlastung des Stockes. Als Zeitpunkt kommt nur der Juli in Frage, also nach der Blüte, wenn erkennbar ist, ob die Gescheine verrieselt sind oder nicht. Die Beeren sollen Schrotkorn- bis Erbsengröße besitzen.

Auf das Entfernen von Gescheinen sollte man verzichten, da man nie weiß, wie die Blüte verläuft.

6. Entgeizen

In alten Weinbaubüchern wird noch das Entgeizen empfohlen. Die Weinbauwissenschaft hat jedoch bewiesen, dass die Geize wesentlich zur Zuckerbildung und damit zur Qualität der Traube beitragen.

Geize gehören zum botanischen Bild der Rebe. Dem aufmerksamen Beobachter wird nicht entgehen, dass die Geiztrieblänge einem bestimmten Rhythmus unterliegt.

Nur die Geize, die durch die Stellung des Haupttriebes extrem lang geworden sind, werden bei den Laubarbeiten entfernt oder wie ein Haupttrieb behandelt. Er trägt, im nächsten Jahr angeschnitten, Trauben wie der normale Haupttrieb.

Krankheiten und Schädlinge an Tafeltrauben

Echter und Falscher Mehltau sowie der Traubenwickler sind heute die wichtigsten Krankheiten und Schädlinge von Reben. Die Weiterverbreitung der Reblaus wird in Weinbaugebieten mit dem Veredeln auf reblausresistente Unterlagen verhindert. Im modernen Weinbau spielen vermehrt Viruskrankheiten eine Rolle. Durch die Klimaerwärmung treten außerdem zunehmend Krankheiten und Schädlinge auf, die bisher in Mitteleuropa nicht bekannt waren. Die Schadschwelle überschreiten schon die Zikaden und die Holzkrankheit Esca.

Der Hobbygärtner und -winzer versucht heute – sei es aus Überzeugung oder durch die restriktive Gesetzgebung – den Einsatz von Chemie im Garten zu vermeiden.

Aber, je kleiner die Fläche, auf der biologisch, ökologisch oder naturnah Pflanzenbau betrieben wird, desto schwieriger ist das, weil vom Nachbarn die Krankheiten den Zaun „überwinden".

Die Artenvielfalt im Garten erschwert zwar die massenhafte Ausbreitung von meist spezialisierten Krankheiten und Schädlingen, eigenartigerweise stellen sie sich aber sogar an Isolierstandorten ein. Ohne ein Mindestmaß an Rebschutz geht es deshalb auch bei Tafeltrauben nicht.

Über die zugelassenen Rebschutzmittel gibt das Pflanzenschutzmittelverzeichnis, Teil Weinbau, Auskunft. Die Mittelpalette für Tafeltrauben ist im Vergleich zu den Keltertrauben derzeit noch eingeschränkt. Auskünfte geben die Rebschutzberatungsstellen der Weinbauanstalten der weinbautreibenden Bundesländer oder die Landesanstalten für Landwirtschaft und Gartenbau.

Für einen Gutteil der Rebschutzmittel benötigt der Hobbywinzer einen Sachkundenachweis.

Biologischer Rebschutz im Hausgarten

Im Vielartenhausgarten muss man bemüht sein, mit einem Minimum an Chemie auszukommen. Gegen die Mehltaupilze sind selbst im biologischen Weinbau noch Kupfer- und Schwefelpräparate zugelassen. Gegenspieler der Krankheiten und Schädlinge sind jedoch die bessere Lösung. Teilweise hat die Wissenschaft solche Gegenspieler gefunden und sie werden kommerziell genutzt.

Einen wesentlichen Beitrag zum biologischen Rebschutz im Weinbau leistet die Verwendung von Pfropfreben gegen die Wurzelreblaus.

Zwei biologische Bekämpfungsmaßnahmen haben sich in den letzten Jahren bei der Bekämpfung des Traubenwicklers bewährt, nämlich der Einsatz von Pheromonen und von *Bacillus thuringiensis*.

Pheromone

Pheromone sind Sexuallockstoffe, in diesem Fall der Lockstoff des Traubenwicklerweibchens, der heute synthetisch hergestellt wird. Die im Bestand verteilten, in Plastikampullen eingeschlossenen Pheromone (Handelspräparate RAK 1 + 2) entwickeln eine Duftwolke, die verhindert, dass die

Männchen die Weibchen finden. Diese legen keine oder unbefruchtete Eier, sodass die Population zusammenbricht. Die Methode ist praxisreif und wird auf tausenden Hektar angewendet. Je größer die Flächen, desto sicherer die Anwendung. 500 Ampullen je Hektar (20 m^2/Ampulle) sind nötig. Im Kleingarten ist der Erfolg fragwürdig. Man kann es jedoch mit einem erhöhten Aufwand versuchen.

Bacillus thuringiensis

Bazillen sind stäbchenförmige, sporenbildende Bakterien.

Der für den Menschen unschädliche *Bacillus thuringiensis* parasitiert auf den Räupchen des Traubenwicklers, sodass diese absterben. Der Bazillus wirkt als Kontaktmittel, sodass der Anwendungszeitpunkt entscheidend ist. Darin liegt auch das Problem, da nicht alle Räupchen zugleich schlüpfen und diese sofort beginnen, sich in die Beere einzubohren und einzuspinnen. Sie müssen das Mittel auf der Beere vorfinden. Eine genaue Beobachtung des Flugverlaufs der Schmetterlinge mittels Lockstofffallen und des Schlüpftermins ist deshalb notwendig.

Ein allerdings nicht ganz einfaches Unterfangen!

Raubmilben (Typhlodromus pyri)

Die Saugschäden der Spinnmilben führen zu starken Ertrags- und Qualitätseinbußen.

Jahrzehnte währender Einsatz von Insektiziden hat auch zur Vernichtung der natürlichen Gegenspieler der Spinnmilben – den Raubmilben – geführt. Der Verzicht auf diese Mittel führt allmählich zum Wiederaufbau der Raubmilbenpopulation. Man kann den Wieder- oder Aufbau der Population unterstützen, indem man Rebholz aus Anlagen, die jahrelang nicht mit Insektiziden behandelt wurden, im Rebbestand, meist sind das Junganlagen, verteilt.

Für Gewächshäuser im Erwerbszierpflanzenbau werden Raubmilben kommerziell durch die Post verschickt.

Rebschutz im Hausweingarten

Der Hausgarten mit Rasen, Gemüsebeeten, Obstbäumen, Stauden und Reben ist artenreicher als ein Weinberg. Er ist ein eigenes Ökosystem – vom Menschen geprägt, muss der Mensch auch regelnd eingreifen. Doch das kann mit Problemen verbunden sein.

Wenn beispielsweise gegen Echten Mehltau gespritzt werden muss, sind zum gleichen Zeitpunkt auf dem benachbarten Beet die Erdbeeren reif. Was tun? Es hilft nur abdecken! Oder – eine rebenbewachsene Pergola steht an der weißen Hausfassade. Hier kann nur bei Windstille von der Wand weg mit niedrigem Druck gespritzt werden. Zum Glück sind heute meist nur niedrige Konzentrationen notwendig. Ausnahme: die selten verwendete Kupferkalkbrühe gegen Falschen Mehltau.

Unser Wissen um die Regelsysteme einer Pflanzengesellschaft ist meist gering und andererseits ist die Beratung im Pflanzenschutz für den Hausgarten oft ungenügend.

Vorteilhaft dabei ist, dass Kernobst, wie Äpfel und Birnen, Beerensträucher, Rosen, Lilien u.a. nahezu zu gleichen Terminen und mit denselben Mitteln gegen artverwandte Schädiger gespritzt werden.

Der Kleingärtner muss aber bei Brunnennähe oder Bienenstöcken im Garten oder beim Nachbarn die gesetzlichen Bestimmungen zum Schutz von Wasser und Bienen einhalten.

Im Zweifelsfall wende man sich an die amtlichen Landesanstalten für Landwirtschaft der Bundesländer.

Da die Rebe bei uns an der klimatischen Anbaugrenze wächst, gehört sie mit anderen Kulturpflanzen zu den gefährdetsten, weshalb der Spritzplan nach ihnen zu richten ist. Es sei denn, man will, kann oder darf die einzelnen Kulturen viele Male spritzen.

Ausbringen der Pflanzenschutzmittel

Für den Hausgarten genügt eine kostengünstige 10-l-Rückenspritze.

Meistens werden nur wenige Liter Spritzbrühe ausreichen, um die genannten Kulturen vorbeugend zu schützen. Man spritze so, dass die Blätter rundum benetzt sind, aber keine Spritzbrühe abläuft.

Schwefelpräparate gegen Echten Mehltau genügen bei regelmäßigem Einsatz infolge ihrer Nebenwirkung gegen Spinnmilben, um Massenvermehrungen zu verhindern.

Verwendet man Pheromonampullen, bringe man diese Anfang April aus. Pro 100 m^2 werden fünf bis zehn Ampullen benötigt. Bei einer größeren Anzahl von Rebstöcken erscheint es sinnvoll, den Sachkundenachweis abzulegen.

Werden Kupferpräparate gegen Falschen Mehltau verwendet, ist zu beachten, dass diese in Schlechtwetterperioden Wachstumsstockungen hervorrufen. Dagegen kann Schwefel bei hohen Temperaturen zu Blattverbrennungen oder Berostungen führen.

Gespritzt werden darf nur in den windstillen Morgen- oder Abendstunden. Tagsüber sollte nur bis 25 °C gespritzt werden.

Der Minimalspritzplan für Reben ist auch für Obst und Rosen und andere Zierpflanzen ausreichend. Für Gemüse gelten andere Regeln, aufgrund der kürzeren Wachstumszeit.

Nach dem Pflanzenschutzgesetz dürfen an Gartenbesitzer ohne Sachkundenachweis nur Kleinstmengen und nur bestimmte Mittel verkauft werden. Der Sachkundenachweis ist daher dringend zu empfehlen.

Pflanzenschutzmittel müssen immer in den Originalbehältnissen und in einem verschließbaren Schrank fern von Lebensmitteln aufbewahrt werden.

Bei Anfertigung der Spritzbrühe werden zunächst die Präparate abgewogen bzw. abgemessen, schließlich in ein Extragefäß gebracht und mit wenig Wasser klumpenfrei angerührt.

Auch bei wenigen Litern darf die Brühe nicht in der Spritze angerührt werden! Zwischen Wasserleitung und Spritze ist immer ein Zwischengefäß einzuschalten! In dieses Gefäß, das nur für den Pflanzenschutz verwendet wird, wird die benötigte Wassermenge gebracht, die angerührte Mittelmenge eingerührt und die Flüssigformulierung hinzugesetzt und verrührt.

Briefwaage und Messzylinder sind im Anschluss zu reinigen und gehören mit in den Giftschrank!

Spritzmittel sind Sondermüll und müssen als solche entsorgt werden.

Pflanzenschutzplan für traditionelle Reben und Obst im Hausgarten

Entwicklungsstadium nach BBCH-Code	Spritzung	Gegen Echten Mehltau, Apfel- und Rosenmehltau	Gegen Falschen Mehltau, Monilia und Apfelschorf	Gegen Spinnmilben
11–13				
Beginnender Austrieb, 1 bis 3 Blättchen	1. Austriebsspritzung	×	×	×
55–57				
Gescheine vor der Blüte	2. Vorblütenspritzung	×	×	×
71–73				
Trauben beginnen zu hängen	3. Nachblütenspritzung	×	×	×
77–81				
Traubenschluss, Beeren erbsengroß	4. Abschlussspritzung	×	×	×

× = Behandlung möglich
○ = Keine Behandlung

Gegen Trauben- und Apfelwickler	Gegen Botrytis (Grauschimmel)
○	○
×	○
×	×
×	×

Brühereste nicht über die Kanalisation entsorgen, sondern im Weingarten oder auf dem Kompost. Das gilt auch für das Reinigungswasser der Spritze.

Schadbilder der wichtigsten Krankheiten und ihre Bekämpfung

Die wichtigsten Krankheiten sind Echter Mehltau, Falscher Mehltau und Grauschimmel. Regional treten Roter Brenner, Schwarzfleckenkrankheit und Grünschimmel auf, deren Vorkommen jedoch zumeist mit der Mehltaubekämpfung eingeschränkt wird.

Echter Mehltau (Uncinula necator)

Echter Mehltau befällt alle grünen Rebteile vom Frühjahr bis zum Herbst. Er lebt an der Oberfläche und dringt mit Saugfortsätzen in das Gewebe ein.

Am deutlichsten wird der Befall auf der Blattoberseite, daher sein Winzername Äscherich. Befallene Beeren platzen auf, die Samen werden sichtbar – der Winzer spricht vom Samenbruch. Diese Beeren sind bitter und ungenießbar. Befallenes Holz bekommt unregelmäßige graublau-violett gefärbte Oidiumfiguren.

Oidiumfiguren deuten immer auf hohen Befall hin. Der Pilz überwintert in den Knospenschuppen. Zeigertriebe sind im Mai/Juni stark befallen. Sie sind sofort zu entfernen und zu verbrennen. In manchen Jahren tritt Oidium erst im Herbst auf.

Heiße, trockene Tage vereint mit kühlen Taunächten schaffen ideale Voraussetzungen für Massenvermehrungen. Licht und Luft in den Rebreihen verringern den Befall.

Nach dem Austrieb wird zwei- bis dreimal vorbeugend mit Netzschwefel-

Echter Mehltau an Beeren mit Samenbruch

Primärinfektion durch Falschen Mehltau, deutlich erkennbar am linken Blattlappenrand

präparaten gespritzt. Nach der Blüte (Ende Juni) spritzt man mit organischen Fungiziden. Am Hausspalier sind auch eingehängte, mit Stäubeschwefel gefüllte Gazesäckchen eine Alternative.

Als Spritzabstände sind 10 bis 14 Tage einzuhalten. Die Anwendung von Schwefelpräparaten ist auch im biologischen Weinbau gestattet.

Falscher Mehltau (Plasmopara viticola)

Die Winzernamen Blattfall- sowie Lederbeerenkrankheit kennzeichnen die typischen Befallsmerkmale dieses Pilzes.

Der Blattfall vermindert die Leistungsfähigkeit der Rebe, die Lederbeeren wirken ertragsmindernd. Es kann zum Totalausfall der Ernte kommen. Geschädigte Reben sind frostempfindlich.

Der Pilz überwintert im abgefallenen Laub. Durch Spritzinfektionen im Frühjahr werden die Blätter befallen. Es entstehen centgroße Ölflecken auf der Oberseite. Der Pilz wächst im Gewebe. Die typischen blattunterseitigen weißen Rasen wachsen aus den Spaltöffnungen und tragen die Sporen, mit denen sich der Pilz verbreitet. Zwischen Infektion und Ausbruch besteht eine temperaturabhängige Inkubationszeit (im Frühjahr 15 bis 18, im Sommer 5 bis 6 Tage). Die Sporen benötigen zum Auskeimen tropfbares Wasser. Fehlt dieses, bricht die Infektionskette zusammen. Deshalb bedeutet feuchtwarmes Wetter erhebliche Gefahr. Luftige Bestände, damit das

Laub rasch abtrocknet, sind die beste Peronospora-Vorbeugung.

Kupferkalkbrühe ist das klassische Bekämpfungsmittel. Die Anwendung von Kupferpräparaten ist auch heute noch im biologischen Weinbau gestattet. Die beste Wirkung erzielt man, wenn das Kontaktfungizid blattunterseits einen gleichmäßigen Belag bildet. Heute sind jedoch moderne organische Mittel, die nicht wie Kupfer einen gewissen Wachstumsschock verursachen, zu bevorzugen.

Bei intensiver Beobachtung des Wetters und der Infektionswellen ist es möglich, mit organisch-systemischen Mitteln die Spritzabstände zu strecken.

Grauschimmel (Botrytis cinerea)

Seinen Namen hat dieser Allerweltspilz von seinem mausgrauen Pilzrasen. Er kann sowohl auf abgestorbenen als auch auf lebenden Pflanzen wachsen und befällt alle Rebteile. Grauschimmel wächst auch bei niedrigen Temperaturen. Blätter und grüne Triebe werden meist nach kühlfeuchten Perioden befallen. Gescheinsbotrytis ist gefürchtet, weil bei Temperaturen unter 15 °C die Käppchen verkleben. Ähnlich gefürchtet ist Stielbotrytis in jungen Trauben.

Bei der Traubenfäule unterscheiden wir die Sauer- und die Edelfäule. Bei Tafeltrauben ist auch die Edelfäule unerwünscht. Bei der Sauerfäule befällt der Pilz unreife Beeren, bei der Edelfäule reife Beeren, die dann rosinenartig schrumpfen, was im Erwerbsweinbau zur Weinerzeugung zumeist erwünscht ist. Die Grenze liegt je nach Sorte zwischen 60 und 70° Oe.

Grauschimmel an reifer Traube

Zur Vorbeugung sind auch hier Licht und Luft die beste Voraussetzung. Im Weinbaubetrieb gehört heute das Entblättern der Traubenzone (Freistellen der Trauben) kurz vor Reifebeginn zur guten fachlichen Praxis.

Die Chemie hat uns in den letzten beiden Jahrzehnten sogenannte Botrytizide beschert, die eine gezielte Grauschimmelbekämpfung ermöglichen. Als Termine sind Nachblüte, vor Traubenschluss und beginnende Reife zu wählen. Um Resistenzen zu vermeiden, müssen die Mittel gewechselt werden. Auch der vorgeschriebene zeitliche Abstand zur Lese (Karenzzeit) ist unbedingt zu beachten.

Schadbilder der wichtigsten Schädlinge und ihre Bekämpfung

Im Haus- und Kleingarten wird die Rebe von vielen Gelegenheitsschädlingen befallen, auf die im Rahmen dieser Schrift nicht eingegangen werden kann.

Die lästigen Blattläuse kommen an Reben nicht vor.

Die unangenehmsten Schädlinge der Tafeltrauben sind Milben und der Traubenwickler.

Milben

Auf Reben kommen Milben verschiedener Arten vor: Spinn-, Kräusel- und Pockenmilben. Pocken- und Kräuselmilben sind Rebspezialisten. Von den Spinnmilben treten auf Reben die Obstbaumspinnmilbe, auch Rote Spinne genannt, und die Bohnenspinnmilbe oder Gemeine Spinnmilbe auf.

Milben sind Spinnentiere und nur mit der Lupe erkennbar. Das Schadbild der Milben ist ähnlich, die Klimaansprüche sind aber sehr verschieden. Die Blätter reißen bei starkem Befall durch die Saugstellen auf und sterben ab; bei schwachem Befall sehen sie rostbraun aus. Der Blattverlust kann erheblich sein und führt zum Ertragsausfall und zu nicht ausgereiftem, erfrierendem Holz. Bei der Obstbaumspinnmilbe führt feuchtwarme Witterung zu dichter Generationsfolge und damit zur Massenvermehrung.

Trocken und heiß liebt es dagegen die Bohnenspinnmilbe und Massenvermehrungen sind im Sommer deshalb häufiger. Sie lebt im Frühjahr auf Unkraut. Die Nachkommenschaft eines Weibchens beträgt bei fünf bis sechs Generationen theoretisch 50 Milliarden. Das beweist die wirtschaftliche Bedeutung und erhärtet die Notwendigkeit der Bekämpfung.

Als Schadschwelle gelten zwei Milben pro Blatt, wobei 25 Blätter zu untersuchen sind.

Die Bekämpfung ist im Hausgarten nur zum Austrieb und im Sommer möglich, und zwar mit Spezialmitteln, den Akariziden. Die Mittel sind jährlich zu wechseln, da sich durch die Vermehrungsrate rasch Resistenzen bilden. Schwefelpräparate gegen Echten Mehltau besitzen erhebliche Nebenwirkungen gegen Milben, sodass Massenvermehrungen meist vermieden werden.

Als biologische Methode beginnt sich das Ausbringen von Raubmilben durchzusetzen. Raubmilben ernähren sich von den schädigenden Milbenarten. Man bringt dazu Rebholz aus Anlagen mit Raubmilbenbefall aus. Winzer, die sparsam mit Akariziden und Insektiziden umgehen, haben meist einen entsprechend ausreichenden Befall mit Raubmilben.

Die Pockenmilbe verursacht selten Schäden. Ihr Schadbild ist eindeutig – auf den älteren Blättern befinden sich warzenartige Erhebungen.

Die Kräuselmilbe befällt bereits die Augen. Bei starkem Befall treiben diese nicht oder nur kümmerlich aus. Da die Milben zu den Triebspitzen wandern, kommt es zu Besenwuchs. Befallene Blätter biegen sich löffelartig auf. Geringer Befall kann an den hellen Stichstellen erkannt werden, die zu Zerreißungen führen können. Das Rebholz wird erheblich beeinträchtigt.

Die Bekämpfung muss bereits beim Knospenschwellen mit einer 1%igen Brühe eines Schwefelpräparates erfolgen. Von Vorteil ist, dass Schwefel und alle Akarizide gegen alle Arten wirken (allerdings leider auch gegen die Raubmilben).

Traubenwickler (Heu- und Sauerwurm)

Beim Heu- und Sauerwurm handelt es sich um zwei Generationen von zwei Arten, dem Einbindigen und dem Bekreuzten Traubenwickler. Der Traubenwickler ist mit dem Apfelwickler verwandt, es schädigen nur die Räupchen.

Die erste Generation tritt zur Zeit der Heuernte auf, die zweite zur Zeit des Reifens, was zur Sauerfäule führt. Infolge der Erwärmung tritt in Deutschland zunehmend noch eine dritte Generation, der Süßwurm, auf.

Den Befall mit Heuwurm erkennt man an den versponnenen Blüten, den Befall mit Sauerwurm an madigen Beeren. Der Heuwurm wirkt nur bei starkem Befall ertragsmindernd. Der Sauerwurm ist für Tafeltrauben lästig, schädigend und unschön.

Die unscheinbaren Falter fliegen ab Mai. Sie legen ihre Eier einzeln an den Blüten ab. Die Räupchen verspinnen mehrere Blüten zu einem Gespinst, dem sichersten Befallssymptom. Ab Mitte Juli fliegt die zweite Generation, die Eier werden an den grünen Beeren abgelegt. Die Räupchen bohren sich in die Beeren ein und verspinnen mehrere miteinander. Vor der Verpuppung sind die Räupchen 10 bis 12 mm lang. Bei Berührung lassen sie sich an einem Faden auf den Boden herab. Beide Arten erkennt man am grünlichen oder braunen Kopf. Die Motte besitzt eine dunkelbraune Flügelbinde bzw. eine kreuzähnliche Zeichnung auf den Flügeln. Als Schadschwelle gelten 10 Räupchen auf 100 Gescheinen oder 5 Räupchen auf 100 Trauben.

Pheromonfallen gestatten die artspezifische Bekämpfung. Die biologische Bekämpfung mittels Pheromondispenser hat sich mittlerweile durchgesetzt. Allerdings haben sich diese Mittel nur bei großflächigem Einsatz bewährt. Die gezielte chemische Bekämpfung bleibt schwierig. Sie richtet sich nach der Bekämpfung der Mehltaupilze. Bei regelmäßiger Spritzung werden in der Regel auch Gelegenheitsschädlinge mit erfasst.

Abbaukrankheiten

Abbaukrankheiten werden durch Bakterien, Viren oder virusähnliche Organismen verursacht. Eine Bekämpfung mit chemischen Mitteln ist nicht möglich. Letzteres erfolgt durch Testung der Mutterreben und anschließende Vermehrung dieser Reben in Meristemkultur. Beim Kauf von Rebmaterial ist deshalb auf das Zertifikat der Virustestung zu achten!

Die wichtigsten Rebvirosen sind die Blattrollkrankheit und die Reisigkrankheit. Die Namen kennzeichnen die Schadsymptome. Sie führen zu Ertragsdepressionen bis hin zum totalen Ertragsausfall. Die einzigste Bekämpfungsmöglichkeit ist die Rodung und Wiederbepflanzung mit virusfreiem Pflanzmaterial.

Durch die Klimaerwärmung treten zunehmend südeuropäische Krankheiten und Schädlinge, zum Beispiel die Schwarzholzkrankheit, auf.

Vögel und Wespen – lästige Traubenschädlinge

Die Vorliebe des Stars für Kirschen und Trauben ist sprichwörtlich. Amseln und Drosselarten sind ebenso Traubendiebe, aber auch Feldsperling, Fasan und Rebhuhn. In Waldnähe verschmäht auch der Eichelhäher süße Trauben nicht, ebenso Fuchs, Dachs, Marder und Waschbär. Starenschwärme, mitunter zu Tausenden, sind im Herbst gefürchtet. Sie vermögen einen Weinberg binnen kurzer Zeit kahl zu fressen. Sie fallen von oben ein. Amseln dagegen bewegen sich am Boden und huschen durch die Rebreihen. Ihr Schaden wird meist etwas überschätzt.

Vogelscheuchen zur Abwehr sind nahezu nutzlos. Die Vögel gewöhnen sich rasch an die Scheuchen. Gleiches gilt auch für handwerklich noch so geschickte „Klappergeräte". Abgesehen davon, dass sich in Wohngebieten dieser ständige Lärm verbietet. Auch Schreckbänder helfen nur kurze Zeit. Etwas günstiger ist die phonoakustische Abwehr mittels Angstschrei des Stars zu beurteilen. Sie ist umweltfreundlich, auch im Hausgarten einsetzbar, aber teuer und lästig für die Nachbarschaft.

Vogelschutznetze bieten den besten Schutz. Für den Hausgarten bieten sich solche Netze, wie sie im Gartencenter für Süßkirschen erhältlich sind, an. Ihr Nachteil: Die quadratische Form erschwert das Ausbringen. Wesentlich günstiger sind die blau eingefärbten, 80 cm breiten, aufgerollten, für den Winzer entwickelten Vogelschutznetze zu beurteilen. Sie sind mit wenigen Handgriffen beidseitig an der Rebreihe anzuknüpfen und auch wieder zu entfernen und gestatten es sogar, Trauben unter ihrem Schutz zu schneiden. Ein weiterer Vorteil besteht in der ziemlich langen Haltbarkeit. Durch ihre blaue Einfärbung halten sie zudem lästige Wespen ab.

Besonders große und wertvolle Trauben können auch in engmaschige Gazebeutel gehüllt werden. Notfalls kann auch eine abgelegte, zum Beutel geformte Gardine benutzt werden, Plastikbeutel sind ungeeignet.

Die Wespenabwehr ist schwierig, insbesondere gilt das für frühe Sorten. Durch Köder kann man im Frühjahr versuchen, die allein überlebenden Königinnen zu fangen. Diese Methode bleibt jedoch trotzdem problematisch, da Wespen lange Wege zurücklegen. Gute Erfahrungen wurden mit aufgehängten Flaschen gemacht, die zu einem Drittel gefüllt, aus einem Gemisch aus Bier oder Wein, wenig Wasser, etwas Zucker und Essig, Wespen und Fliegen magisch anziehen. Wichtig ist das regelmäßige Leeren der Flaschen, denn das Körpereiweiß verursacht einen unangenehmen Faulgeruch.

Bienen sind nur Sekundärschädlinge – sie können die Beeren nicht aufbeißen.

Bodenpflege und Düngung

Fast immer stehen Reben im Hausgarten in Mischkultur. Bei der Bodenpflege und Düngung müssen daher wie im Rebschutz Kompromisse eingegangen werden.

Bodenpflege und organische wie mineralische Düngung stehen in einem engen Wechselverhältnis.

Gesunder Boden

Der optimale Boden besteht zu 50 % aus festen, mineralischen Bestandteilen, zu 25 % aus Wasser und zu 25 % aus Luft. Außerdem enthält der mineralische Anteil 2 bis 4 % Humus.

Der Boden ist in erster Linie Standort der Pflanzen. Zugleich ist er Lebensort für unzählige Bodenorganismen. Regenwürmer, Springschwänze, Pilze, Bakterien und andere Organismen, auch Säuger, wie Maulwurf, Maus, Hamster und die gefürchtete Wühlmaus, sind Bodenbewohner. Die Summe ihrer Aktivitäten, ihre Lebensprozesse führen zur sogenannten Lebendverbauung, zu regenstabilen, verkitteten und verklebten Bodenkrümeln, zur gewünschten Bodengare.

Ein solcher Boden ist der ideale Standort für viele Kulturpflanzen, auch für Reben. Die Bodenorganismen benötigen als Nahrung organisches Material: Pflanzenreste sowie lebende und tote Kleinlebewesen. Kompost ist im Hausgarten die wichtigste Quelle für die Bodengare und durch die Mineralisation für die Mineralstoffversorgung.

Wieso Mineralstoffversorgung? Jedes organische Material wird durch physikalische, chemische und biologische Aktivitäten in immer einfachere Bestandteile zerlegt, zuletzt werden sie mineralisiert. Aus organischen Substanzen wurden mineralische und so der Wurzel der Rebe verfügbar.

Der Naturkreislauf hat sich geschlossen.

Da der Mensch durch Bearbeitung des Bodens, durch Entnahme der Trauben in den Kreislauf eingreift, bleibt auch der Hausgarten ein offenes System. Der Entzug muss durch Kompost, Torf, Stroh oder anderes organisches Material sowie mineralische Dünger ergänzt werden. Mit dem Wissen um diesen Kreislauf lassen sich Fehler vermeiden und die richtigen Maßnahmen für die Bodenpflege und Düngung ableiten. Das sind:

- Alles organische Material wird als Kompost dem Boden zurückgeführt.
- Werden dem Boden große Mengen organischen Materials zugeführt (Bodenbedeckung), so entsteht der Rebe bei der Verrottung durch die Mikroorganismen ein Stickstoffkonkurrent. Ursache ist das weite C : N-Verhältnis. Eine zusätzliche Stickstoffdüngung für die Mikroorganismen ist nötig.
- Je regelmäßiger mit Kompost gedüngt wird, desto seltener und desto weniger muss mineralisch gedüngt werden. Die mineralische Düngung wird allenfalls ergänzend nötig.
- Kompost puffert den Boden ab, das heißt, er macht ihn unempfindlicher gegen pH-Wertänderungen.
- Auf ausreichende Kalkzufuhr bei der Kompostierung ist zu achten, um hochwertige Ca-Humate im Kompost zu erhalten.

- Der Einsatz von Herbiziden stört das Gleichgewicht zwischen Pflanze und Boden. Im Hausgarten sind diese fehl am Platze.

Bodenpflege mit Teilzeitbegrünung im Weingarten

Hat sich ein Gartenbesitzer einen kleinen Weingarten angelegt, kann er sich mit der Bodenpflege am großen Bruder, dem Winzer, orientieren.

In den ersten drei Jahren wird nur mechanisch mit Blatthacke, Spaten und Karst, des Winzers breitzinkige Hacke, gearbeitet. Die jungen, nicht konkurrenzfähigen Reben werden konkurrenzlos „gehalten“. Regelmäßiges flaches Hacken, drei- bis viermal, sorgt für geringen Bewuchs.

Im Herbst wird gegraben und die Jungstöcke werden angehäufelt. Abgehäufelt wird im März; die erste Bodenbearbeitung erfolgt Mitte Mai, denn frisch bearbeiteter Boden verschärft die Bodenfrostgefahr.

Bei regelmäßiger Kompost- oder Stallmistzufuhr kann der Boden auf die beschriebene Art auch im Ertragsalter weiterhin mechanisch bearbeitet werden. Alle drei Jahre werden 3 bis 4 dt Kompost oder 6 bis 8 dt Stallmist je 100 m^2 eingearbeitet.

Im Spätsommer unterstützen wir mit 1,5 kg/100 m^2 Futterroggeneinsaat in jede zweite Gasse, wobei unter den Stöcken 60 cm Unterstockstreifen frei bleiben, die Humusbildung und verringern die Erosion. Ebenso geeignet sind Senf (0,2 kg/100 m^2), Raps (0,2 kg/100 m^2), Ölrettich (0,15 kg/100 m^2) und andere Gründüngungspflanzen. Sofern keine Wurzelunkräuter vorhanden sind, kann sogar der normale Unkrautaufwuchs genutzt werden.

Die überwinternde Gründüngung ist rechtzeitig Anfang Mai zu mulchen, um Spätfrostschäden zu vermeiden. Das geschieht mit der Sichel, dem Rasenmäher (Aufwuchshöhe!) oder einer Motorsense. Achtung, Stammschäden vermeiden!

Dauerbegrünung

Vorteilhafter als die Teilzeitbegrünung ist die Dauerbegrünung. Da im Garten meist ausreichend Wasser vorhanden ist und bei Bedarf gewässert werden kann, spielt die Wasserkonkurrenz für die Reben keine Rolle. Dauerbegrünung sollte frühestens im 4. Standjahr angesät werden. Zwei Verfahren sind möglich:

1. die Naturbegrünung mit standorttypischen, mulchverträglichen Pflanzen und
2. die Aussaat von Dauerbegrünungspflanzen, meist Gräsermischungen.

Das erste Verfahren hat den Vorteil eines geringeren Aufwandes. Auf den geebneten Boden, unterstützt durch

Mulchmischung mit Klee für alle Standorte

10 % Deutsches Weidelgras, Rasentyp
10 % Deutsches Weidelgras, Weidetyp
20 % Rot-Schwingel, ausläufertreibend
20 % Horstrot-Schwingel
30 % Wiesen-Rispengras
5 % Weißes Straußgras
5 % Weiß-Klee

Aussaatmenge: 0,5 kg/100 m^2

Mulchmischung ohne Klee für leichtere Böden in niederschlagsärmeren (< 600 mm Jahresniederschlag) Gebieten (Magerrasen)

20 % Rotes Straußgras
30 % Härtlicher Schwingel
20 % Rot-Schwingel, mit Kurzausläufern
10 % Rot-Schwingel, ausläufertreibend
10 % Wiesen-Rispengras, Rasentyp
10 % Wiesen-Rispengras, Weidetyp

Aussaatmenge: 0,6 kg/100 m²

eine geringe Strohauflage, beginnt man nach dem Auflaufen bei 25 cm Aufwuchs regelmäßig zu mulchen. Geschieht dies regelmäßig, hat man nach ein bis zwei Jahren eine Mulchdecke geschaffen. Auf Wurzelunkräuter ist zu achten. Besonders lästig sind Ackerwinde, Distel und Quecke. Es hilft nur eine vorherige gewissenhafte Beseitigung. Das Mulchgut verbleibt selbstverständlich immer in der Rebgasse.

Anfallendes Rebholz wird geschreddert oder von Hand klein geschnitten und verbleibt im Weingarten. Auch Mähgut vom Rasen, geschreddertes Holz von Obstbäumen oder Ziersträuchern kann als dünne Mulchschicht ausgebracht werden.

In der Vegetationszeit ist drei- bis fünfmal zu mulchen. Drei Termine im Mai und Juni und je einer im Juli und August sind üblich. Bei Spätfrostgefahr ist vorher zu mulchen. Der Mulch kann ganzflächig oder als Streifenmulch im Unterstockstreifen ausgebracht werden. Besonders wichtig: In Trockenperioden ist die Dauerbegrünung ständig kurz zu halten!

Die Aussaat von Dauerbegrünungen erfordert eine Saatbettvorbereitung, hat aber den Vorteil, dass von Anfang an eine geschlossene Narbe entsteht, welche die Wurzelunkräuter unterdrückt. Der Boden ist mit 2 bis 3 m³ Kompost/100 m² feinkrümelig vorzubereiten. Je sandiger und humusärmer der Boden, desto wichtiger ist diese Maßnahme. Das Saatgut wird flach eingeharkt.

Aus den Erfahrungen des Weinbaus eignen sich nebenstehende Mulchmischungen am besten für die Dauerbegrünung.

Bodenbedeckung

Eine für den Hausgarten sehr gut geeignete Methode ist die ganzflächige Abdeckung mit Stroh, Rindenmulch oder Holzhäcksel. Bei angerottetem Rindenmulch aus dem Bau- oder Gartenmarkt muss beachtet werden, dass nachweislich unbehandelte Hölzer zum Einsatz gekommen sind; bei Rinden von hochdruckbehandelten Hölzern gasen diese, sodass Wuchsschäden möglich sind. Vorteilhaft bei Rindenmulch ist die herbizide Wirkung, sodass der Unkrautaufwuchs unterdrückt wird.

Am preiswertesten ist die Abdeckung mit Stroh. Nach der Lese oder nach der Getreideernte werden 1,5 dt/100 m² ausgebracht. Achtung: Bei Sommerausbringung besteht Brandgefahr. Zur besseren Bodenhaftung bewässere man. Das vermindert auch die anfängliche Brandgefahr. Einzelne durchwachsende Unkräuter zieht man heraus. Jedes zweite bis dritte Jahr muss nachgedeckt werden. Durch Verrottung entsteht ein Drittel bis zur Hälfte Verlust am ausgebrachten Material. Die Bedeckung erfordert eine einmalige erhöhte Stickstoffdüngung von zusätzlich 2 kg Reinstickstoff/100 m^2.

Bedeckung und Begrünung können auch kombiniert werden. Entweder Bedeckung – Verrottung – Naturbegrünung oder Einsaat oder Begrünung in die verrottende Strohdecke oder Begrünung mit jährlich zu erneuernder dünner Strohauflage.

Zwei bis drei Wassergaben von 30 mm (30 l Wasser/m^2) sind vor der Blüte (Mitte Juni), nach der Blüte (Mitte Juli) und zu Beginn der Traubenreife (Mitte bis Ende August) vorzusehen. Diese entwicklungsbedingten Termine sind natürlich vom Standort und vom Jahr abhängig und können um bis zu drei Wochen differieren. Am ehesten kann man auf die Vorblütengabe verzichten.

Für die Bewässerung sind die Vormittagsstunden zu wählen, damit das Laub bis zum Abend abtrocknen kann. Noch besser ist die Tropfbewässerung, bei der Tropfschläuche in der Reihe an die Stämme geheftet werden. Jeder Rebstock erhält eine Tropfstelle. Die Wassernutzung ist wesentlich effektiver. Im Handel werden industriell gefertigte Komplettsysteme angeboten.

Bodenpflege im „Gemischtbetrieb" des Hausgartens

Reben und Obst, Baum- wie Strauchobst, haben dieselben Ansprüche an den Boden und die Bodenpflege. Sie sind ideale Nachbarn.

Schwieriger wird es bei der Gemeinschaft oder Nachbarschaft mit Erdbeeren und Gemüse. Bodenbedeckung mit Stroh oder Schwarzfolie bei Erdbeeren ist eine gute Kombination. Stark zehrende Gemüse, wie alle Kohlarten, gehören nicht mit Reben zusammen, auch keine Wurzelgemüse, vor allem Schwarzwurzel. Gemüse mit kurzen Vegetationszeiten sind besonders im Frühjahr bis Ende Mai möglich, da die Rebe in dieser Zeit noch wenig Laub besitzt. Sie können sogar zwischen den Reihen gesät werden. Bei leichtem Boden ist an Radies zu denken oder im Spätherbst an ausgesäten Feldsalat. Die Begehbarkeit und der Rebschutz werden allerdings behindert, da hilft nur Abdecken.

Die Kombination mit Rasen entspricht etwa einer Dauerbegrünung. Da gepflegter Rasen viel Wasser benötigt, profitiert die Rebe davon. Da man Reben aus ästhetischen Gründen an den Rand stellt, entsteht ein Unterstockstreifen wie im Weingarten, der mit der Hacke bewuchsfrei zu halten ist.

Stauden und Sommerblumen in Kombination mit Reben erzielen attraktive Effekte. Auf Reben wirken sie wie eine lockere Dauer- oder Teilzeitbegrünung, nur dass diese nicht gemulcht werden (was beim Wasser zu beachten ist), sondern nur der unerwünschte Unkrautaufwuchs gejätet oder gehackt wird.

Düngung

Die Pflanze, also auch die Rebe, ist die Schnittstelle zwischen organischer und anorganischer Welt. Sie ist als einzige in der Lage, aus anorganischen Mineralien mittels Photosynthese organische Substanz – Stärke und Zucker – aufzubauen.

Großes, zu einem Laubengang gezogenes Rebspalier über einer Einfahrt

Wegen der Entnahme der Trauben aus dem geschlossenen System des Naturkreislaufs muss der Mensch den Nährstoffentzug ausgleichen. Hinzu kommt, dass wir mit dem Gewachsenen meist nicht zufrieden sind und die Erträge steigern wollen.

Nur eine regelmäßige Bodenuntersuchung kann Aufschluss über den tatsächlichen Nährstoffentzug geben. Der Hobbywinzer sollte alle vier bis sieben Jahre eine Bodenuntersuchung vornehmen lassen. Anschriften von Bodenuntersuchungslabors sind im Serviceteil auf Seite 119 zu finden.

Aus Kostengründen ist eine Durchschnittsprobe zu bilden, indem von mehreren Stellen aus dem Oberboden (0 bis 20 cm) und dem Unterboden (21 bis 40 cm) Boden entnommen wird. Die Proben sind nach der Entnahme zu mischen und nach Ober- und Unterboden getrennt, Beschriftung nicht vergessen, in einem

Plastikbeutel an die genannten Adressen zu schicken.

Die Beschriftung muss enthalten: Name, Ort, Boden, Ober- oder Unterboden und vorgesehene Pflanzenart. Es wird auf Kalk (CaO), Phosphor (P_2O_5), Kalium (K_2O) und Magnesium (MgO) getestet; wahlweise werden auch Humusgehalt, Reaktionszustand (pH-Wert) und Borgehalt (B) untersucht. Die Weinbauwissenschaft hat in unzähligen Versuchen die aus nachfolgenden Tabellen zu entnehmenden Versorgungsstufen festgelegt, danach kann der Hobbywinzer die Düngung durchführen. Die Stickstoffuntersuchung (N_{min}) lohnt sich nur im Frühjahr und ist jährlich zu wiederholen.

Die recht komplizierte Materie der Düngung wurde in einer Empfehlungstabelle zusammengefasst. Die Mengen verstehen sich immer als eine auf die Bedürfnisse der Rebe abgestimmte Düngung bei mittleren Versorgungsstufen nach der Bodenuntersuchung. Es können nur Hinweise sein!

Dem Hobbywinzer, der es nicht so „wissenschaftlich“ mag, stehen Testverfahren, die Näherungslösungen erlauben, zur Verfügung. Sie können preiswert im Fachhandel erworben werden. Sie nennen sich Primus Kalitest, Nitrattest, Phosphattest und Calciumtest. Die Handhabung ist denkbar einfach.

Doch, wie soll die Düngung im „Gemischtbetrieb“ Hausgarten durchgeführt werden? Nach welchen Kulturen soll man sich richten?

Relativ einfach scheint das für Kalium, Phosphor und Magnesium zu sein. Strebt man für Reben einen mittleren Gehalt an, sind das für andere Kulturen schon hohe Gehalte. Da die Reben Tiefwurzler sind, wurzeln

Humusgehalt und organische Düngung

Humusgehalt	**Düngung mit organischer Substanz (dt Trockenmasse je 100 m²)** leichte Böden	mittlere Böden	schwere Böden
0 bis 1,5 % – sehr niedrig, humusarm	0,7	0,6	0,5
1,6 bis 2,0 % – niedrig, schwach humos	0,6	0,5	0,4
2,1 bis 2,5 % – mittel, schwach humos	0,5	0,4	0,3
2,6 bis 3,0 % – ausreichend, humos	0,4	0,3	0,2
3,1 bis 3,5 % – hoch, stark humos	0,3	0,2	0,1
über 3,5 % – sehr hoch, stark humos	–	–	–

Nährstoffgehaltsklassen für Weinbergsböden (nach Festlegungen der Staatlichen Lehr- und Versuchsanstalt Weinsberg)								
	Phosphor (P_2O_5)	**Kalium (K_2O)**			**Magnesium (MgO)**		**Bor (B)**	
Nährstoffgehalt	alle Böden	leichte Böden	mittlere Böden	schwere Böden	leichte Böden	schwere Böden	unter pH 7	über pH 7
Bezugseinheit	mg/ 100 g	mg/ 100 g	mg/ 100 g	mg/ 100 g	mg/ 100 g	mg/ 100 g	ppm/ 100 g	ppm/ 100 g
Niedrig bis mittel	< 14	< 14	< 14	< 19	< 10	< 12	< 0,8	< 1,0
Anzustreben	15 bis 25	15 bis 20	15 bis 30	20 bis 35	11 bis 15	13 bis 20	0,8 bis 1,2	1,0 bis 1,4
Hoch bis extrem hoch	> 25	> 20	> 30	> 35	> 15	> 20	> 1,2	> 1,4

Nachbarkulturen in geringerer Tiefe, sodass sie nicht konkurrieren. Bei Kalk, Bodenverbesserer und Pflanzennährstoff zugleich, kommt es darauf an, den pH-Wert auf 6,0 bis 7,0 einzustellen, dann wird den meisten Kulturen und der Rebe Genüge getan. Nur Moorbeetkulturen, wie alle Rhododendren, Azaleen, auch die Kulturheidelbeere u.a., passen nicht zur Rebe, weil sie pH-Werte um 4,5 wünschen.

Am schwierigsten ist die Handhabung der Stickstoffdüngung. Fast alle Stauden verlieren ihre Blühwilligkeit bei starker Stickstoffdüngung. Ein gepflegter Rasen dagegen benötigt viel Wasser und Stickstoff. Im Garten wird man sich vornehmlich auf organische Materialien als langsame Stickstoffquellen stützen: Komposte (1 bis 2 $m^3/100\ m^2$), verrotteter Stallmist (6 bis 8 $m^3/100\ m^2$), Rizinusschrot (1 $dt/100\ m^2$ alle drei Jahre), Rindenkompost (4 $dt/100\ m^2$ alle drei Jahre), Stroh (1 $dt/100\ m^2$ und Jahr) sowie Torf (1 $m^3/100\ m^2$ alle drei Jahre) u.a.

Dass Reben unter günstigen Umständen jahrzehntelang auf jegliche mineralische Düngung verzichten können, beweisen alte, reich tragende Pergola- und Hausstöcke in gepflasterten Höfen. Voraussetzungen bleiben das ausreichende Bodenvolumen und genügend Feuchtigkeit.

Dünger und Düngungsempfehlungen für Reben im Hausgarten (UF = Umrechnungsfaktor von Reinnährstoff auf den Handelsdünger)		
Dünger	**Stickstoff (N)**	**Phosphor (P_2O_5)**
Mangel	Blätter hellgrün, geringes Wachstum, geringer Zuckergehalt	Kleine Blüten bis zur Ertragslosigkeit, Blattrand braun, selten
Überschuss	Dunkelgrüne Blätter, mastiges Wachstum, schlechte Holzreife	Kümmerwuchs, früher Vegetationsabschluss, selten
Handelsform	1. Kalksalpeter 15,5 % N, schnellwirkend, UF 6,5 2. Schwefelsaures Ammoniak 20 % N, UF 5,0 3. Kalkammonsalpeter 27,5 % N, UF 3,6 4. Harnstoff 46 % N, UF 2,2	1. Superphosphat 16 bis 18 % P, wasserlöslich, UF % 5,9 2. Thomasphosphat 12 bis 16 % P, UF 6,1 3. Novaphos 22 bis 23 % P, UF 4,4 4. Hyperphos 20 bis 35 % P, UF 5,0 bis 2,9
Menge in kg/ 100 m² als Reinnährstoff	0,5 bis 0,8 kg je nach Boden leicht bis schwer	0,3 bis 0,7 kg, bei der Vorratsdüngung 1,0 bis 1,5 kg
Ausbringtermin und -art	Vor dem Austrieb 2/3, nach der Blüte 1/3, flach einarbeiten	Zu jeder Jahreszeit vor der Neuanlage tief einarbeiten
Bemerkungen	Harnstoff ist zur Blattdüngung geeignet, 0,5- bis 1,0 %ig, kann mit der Spritzbrühe ausgebracht werden	Im sauren (> pH 5,8) und im alkalischen Boden (> pH 7,5) ist die Aufnahme gestört

	Kalium (K_2O)	Magnesium (MgO)	Kalk (CaO)
	Schlechte Holzreife, Blätter mit braunen Rändern	Ertrag sinkt; Frostanfälligkeit, Stiellähme erhöht, Blätter interkostal gebräunt, Blattrand grün	Pflanze: Blätter gelblich, sterben vom Rand her ab; Boden: verschlämmt, versauert, geringes Bodenleben
	Selten, da Kalium in die Tonminerale eingebaut wird		Pflanze: Hemmung der Eisenaufnahme, Boden: auf Kalkböden rascher Humusabbau
	1. 50er Kalium 50 % K, 20 % Kochsalz!, UF 2,0 2. Kornkali mit Mg 40 % K, 5 % Mg, 16 % Kochsalz!, UF 2,5 3. Kalisulfat 50 % K, UF 2,0 4. Kalimagnesia 30 % K, 10 % Mg, UF 3,3	1. Alle Düngemittel mit Mg 2. Magnesiumbranntkalk 90 % Kalk, Rest Mg 3. Kieserit 27 % Mg, UF 3,7	1. Kohlensaurer Kalk 80 bis 90 % Ca, wird im Boden in CaO umgewandelt 2. Branntkalk 70 bis 90 % CaO 3. Magnesiumbranntkalk 70 bis 90 % CaO, Rest Mg 4. Scheideschlamm 20 bis 45 % CaO, Abfallprodukt der Zuckerrübenverarbeitung
	0,5 bis 1,0 kg	0,6 bis 1,0 kg	< pH 5,5 Gesundungskalkung, mehrjährig je 40 bis 50 kg; pH 6,6 bis 7,2 alle 3 Jahre 10 bis 20 kg; > pH 7,2 keine Düngung
	Gemeinsam mit Phosphor, auch mischbar, bei leichten Böden 1/3 nach der Blüte	Gemeinsam mit Phosphor und Kalium, Herbstdüngung	Im Herbst, Winter leicht einarbeiten, nicht auf Stallmist streuen
	Kaliumüberschuss kann Magnesiummangel hervorrufen, außerdem ist die Rebe chlorempfindlich	Magnesiummangel kann kurzfristig mit Magnesiumsulfat ($MgSO_4$ – Bittersalz) 0,5- bis 1,0 %ig zur Spritzbrühe nach der Blüte behoben werden	In Schlechtwetterperioden auf Kalkböden Chlorose (Vergilbungen), Behebung mit Fe-chelaten (Folicin, Sequestren, Fetrilon, Wuxal); Spritzung auf die Blätter

Verwertung

Lese und Verwertung der Trauben

Der Winzer spricht nicht von der Ernte, sondern von der Traubenlese. Damit wird deutlich, dass die Rebe die älteste Obstfrucht als Einfuhr der römischen Kolonialisten im germanischen Reich darstellt. Lateinisch bedeutet *legere* – auflesen, aufsammeln; mittelhochdeutsch *lesen* – auswählend sammeln, aufheben. So entpuppt sich die Lese als deutsches Lehnwort aus dem Latein. Und wer jemals Trauben gelesen hat, der hat die rückenschmerzende Bückarbeit des Sammelns, Aufhebens auf den Boden gefallener Beeren – dies war bei unseren Vorfahren ein Muss – erlebt! Er versteht, was auch heute noch Handlese bedeutet!

Zwischen der Blüte Mitte Juni bis Anfang Juli, dem Reifebeginn Mitte bis Ende August und der Vollreife Mitte September bis Ende Oktober vergehen sorten- und witterungsabhängig 60 bis 80 bzw. 100 bis 120 Tage. Diese Zeiten sind ziemlich konstant; daher kommt es in ungünstigen Jahren bei späten Sorten in ungünstiger Lage nicht zur Vollreife.

Nur wenige mitteleuropäische Sorten neigen, bei Tafeltrauben eine gewünschte Eigenschaft, zur Samenlosigkeit. Bei Keltersorten führt das zu kleinen Jungfernbeeren, die den Ertrag schmälern. Die Kleinfrüchtigkeit ist bei Tafeltrauben unerwünscht. Der Zuckergehalt der Jungfernbeeren ist dagegen höher.

Kernlose, besser kernarme Sorten, wie sie zur Gewinnung von Rosinen im Süden gepflanzt werden, sind für Mitteleuropa ungeeignet.

Die Beeren bestehen aus der Beerenhaut mit der feinen Wachsschicht, dem Duft. Das saftreiche Beerenfleisch verdichtet sich zur Mitte; dieser Teil wird Butzen genannt. Darin sind die Kerne eingebettet. Der Beerensaft ist hell, auch bei den meisten blauen Sorten.

Der Reifebeginn äußert sich im Weichwerden und Färben der Beeren. Der Winzer spricht vom „Lautern" ((h)luttaren – hell sein, 8. Jahrhundert, althochdeutsch) oder „Die Trauben gehen in den Saft". Bei manchen blautraubigen Sorten beginnt „Das Blauen" vor dem Lautern. Das Lautern beginnt nicht bei allen Beeren zugleich, sondern in Abhängigkeit von der Entwicklung der Beeren. Anfangs sind die Reifeunterschiede riesig. Eine Teilentblätterung der Traubenzone wirkt sich vorteilhaft auf die Reife aus.

Während der Reife verändern sich die Inhaltsstoffe quantitativ wie qualitativ. Das Grundprodukt Stärke wird in Zucker umgebaut; diese wiederum in Säuren, Ester, Tannine, Aromen und vieles andere. Sonne und Temperatur beeinflussen diesen, Metabolismus genannten Vorgang maßgeblich.

Die Trauben sind gegen lästige „Mitesser", Wespen und Vögel, zu schützen.

Reifebestimmung

Für die Praxis genügt die Zuckerbestimmung, um ausreichend über den Reifegrad informiert zu sein. Das gilt sowohl für Kelter- als auch für Tafel-

Die wichtigsten Inhaltsstoffe bzw. Stoffgruppen nach ihren prozentualen Anteilen

Inhaltsstoff	Gehalt in %
Wasser	70 bis 85
Zucker	15 bis 25
Organische Säuren	0,3 bis 1,5
Pektine	etwa 0,1
N-haltige Substanzen	etwa 0,2
Gerbstoffe	0,05 bis 0,1
Mineralstoffe	0,3 bis 0,5
Aromastoffe, ca. 300, davon sind mehr als 60 bekannt	

trauben. Ähnlich wichtig ist eine Gesamtsäurebestimmung. Obwohl für Keltertrauben wichtiger, kommt es auch bei Tafeltrauben auf ein harmonisches Zucker-Säure-Verhältnis (10 : 1; °Oechsle : g/l Säure) an, wobei die absolute Höhe zweitrangig ist.

Jede Sorte hat ihre Aromareife und ihre Vollreife. Die Aromareife liegt vor der Vollreife.

Jede Sorte besitzt ihre sortentypische Zuckerleistung, die sie durch die Assimilation nicht überschreiten kann.

Für den Hobbywinzer stehen zur Reifebestimmung zwei Methoden zur Verfügung, bzw. drei, wenn man das Verkosten dazuzählt.

Die Oechslewaage

Die Messung mittels Senkspindel, benannt nach ihrem Entwickler Ferdinand Oechsle, einem Pforzheimer Instrumentenbauer des 19. Jahrhunderts, ist die gebräuchlichste Methode im deutschsprachigen Raum. Benötigt wird ein Messzylinder von mindestens 250 cm^3 Inhalt. Man entnimmt dem Most eine Durchschnittsprobe und lässt diese im Zylinder absitzen. Dann taucht man die Senkspindel vorsichtig ein. Gemessen wird bei 20 °C. Abgelesen wird am oberen Rand des Miniskus an der Senkspindel.

Tafeltrauben erreichen durchschnittlich 60 bis 70° Oe, Keltertrauben dagegen 70 bis 100° Oe.

Das Handrefraktometer

Unterschiedlich dichte Flüssigkeiten besitzen eine unterschiedliche Lichtbrechung. Das nutzt das Handrefraktometer. In Deutschland werden auch beim Refraktometer die Grad Oechsle angegeben.

Der Saft einer Beere spiegelt nicht den Durchschnitt wider. Abweichungen bis zu 30° Oe sind nicht selten. Deshalb müssen mindestens 100 Beeren von verschiedenen Stock- und Traubenteilen entnommen werden. Den gemaischten Beeren entnimmt man dann einen Tropfen für das Refraktometer.

Ein Tropfen der Durchschnittsprobe wird auf die Messplatte getropft, leicht an das Prisma gedrückt und gegen indirektes Licht gehalten. Die Hell-Dunkel-Grenze zeigt das Mostgewicht an.

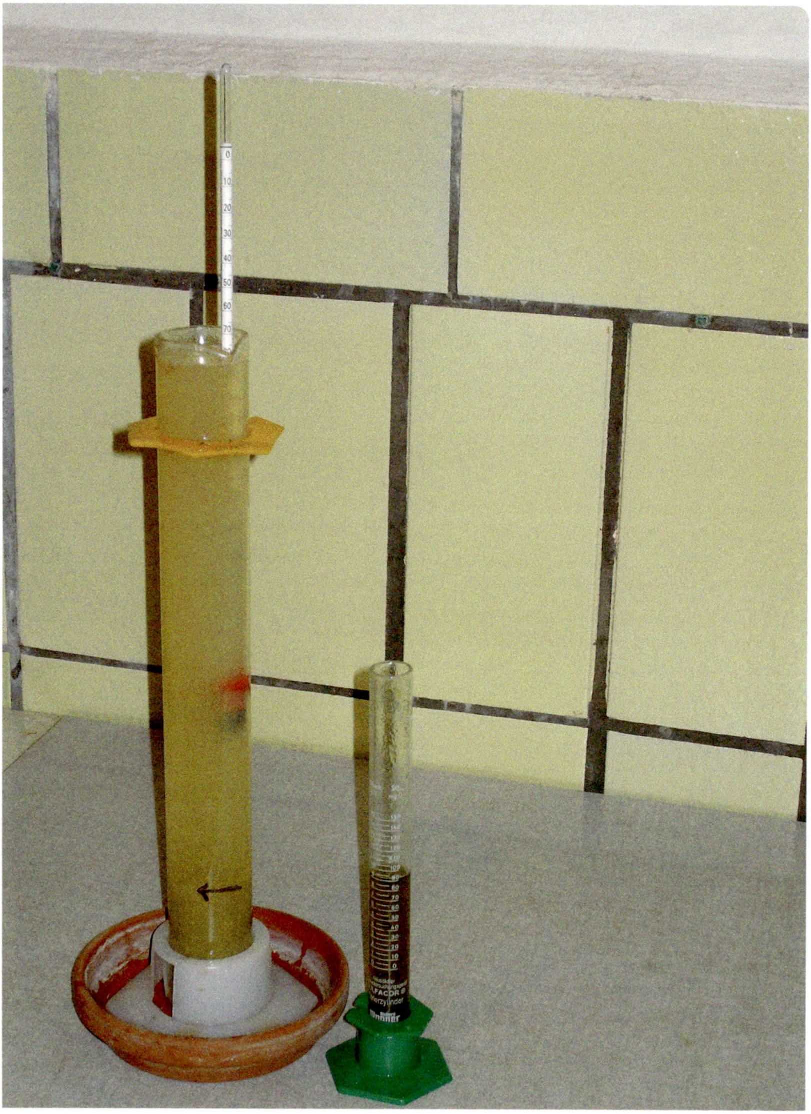

Oechslemessung mit der Oechslespindel und Säuremessung

Gesamtsäuremessung

Soll oder muss die Gesamtsäure, was auch für Tafeltrauben zu empfehlen ist, bestimmt werden, so verwendet man einen für die Gesamtsäurebestimmung geeichten Messzylinder und Blaulauge. Beides ist beim Spezialhandel für Kellereibedarf inklusive Anleitung erhältlich.

Lese

Der Hobbywinzer wird die Ernte der Trauben, die Lese, meist staffeln. Meistens ist der Verzehrrhythmus der Grund.

Die Grünlese, das Abschneiden unreifer Trauben, erfolgt dann, wenn der Stock überfordert wird. Sie erfolgt vor Reifebeginn. Im Keltertraubenweinbau ist die Grünlese heutzutage üblich.

Unsere Vorväter nutzten grüne Trauben, um Agrest herzustellen. Der unreife Saft wurde behutsam eingedickt, Honig oder Zucker wurden zugesetzt und das Ergebnis dann als Säuerungsmittel anstelle von Essig genutzt.

Auf eine alte, heute wenig geübte Methode, attraktive Tafeltrauben zu erzielen, sei an dieser Stelle hingewiesen: das Ziselieren der Trauben kurz vor dem Traubenschluss. Alle kleinen

Oechslemessung mit dem Handrefraktometer

und sich gegenseitig drückenden Beeren werden mit der Traubenleseschere, ohne benachbarte Beeren zu verletzen, herausgeschnitten. Das ist mühselig, aber lohnend!

Lese für Tafeltrauben

Trauben dürfen nur trocken gelesen werden!

Um die Ansehnlichkeit der Trauben zu bewahren, muss beim Abschneiden vorsichtig vorgegangen werden. Am besten eignen sich spitze Traubenlesescheren. Um den Duft, die abwischbare Wachsschicht auf den Beeren, nicht abzuwischen, benutzt man ein Rebblatt in der linken Hand, das man beim Abschneiden unter die Traube hält. Die Traube wird immer mit Stiel am Triebansatz abgeschnitten. Beschädigte Beeren samt Stielchen oder Traubenteile werden vorsichtig ausgeschnitten.

Reife Traube ('Favorit') mit saugenden Wespen

Bei Pergolen und hohen Spalieren hat sich ein Hilfswerkzeug bewährt, wie es Südtiroler Winzer bei der Lese der Pergolen verwenden, eine „Wimme“ (lat. *vimineus* – Flechtwerk), eine Schüssel mit Griff, sodass, mit Laub gepolstert, die Lese über Kopf möglich wird. Die Wimme lässt sich aus einer Plastikschüssel mit einem angeschraubten Werkzeuggriff leicht selbst herstellen.

Tafeltrauben werden einlagig, sich nicht berührend, in flachen Obststiegen, kurzfristig, luftig und kühl gelagert. Unter die Trauben legt man weiches Papier oder Holzwolle. Täglich ist auf Faulstellen zu kontrollieren!

Die Präsentation der Trauben auf Porzellan- oder Glasschalen mit untergelegten, spritzmittelfreien Blättern ist zu empfehlen.

Vor dem Genuss sollen Trauben, die man am Stiel hält, leicht mit kaltem Wasser abgespült werden. Einzelne Wasserperlen beleben das „Traubenstillleben“!

Lese zur Verwertung

Sollte es trotz Vorsorge und Rebschutzmaßnahmen zu Krankheits- und Schädlingsbefall gekommen sein, sind die Trauben als Tafeltrauben kaum verwendbar.

Überkopflese mit der Wimme

Was ist zu tun?

Echter Mehltau führt zu Samenbruch. Falscher Mehltau zu Lederbeeren. In beiden Fällen sind die Beeren ungenießbar. Sie sind auch anderweitig nicht verwertbar. Sie gehören in die Mülltonne; auf dem Kompost werden sie zur Sporenquelle.

Einzelne befallene Beeren können ausgeschnitten werden. Sauerfaule Traubenteile müssen ebenfalls ausgeschnitten werden. Für die bei der Weinherstellung erwünschte Edelfäule trifft das ebenso zu, sonst leiden die Fruchtigkeit und Reintönigkeit des Gelees, der Marmelade oder des Fruchtsaftes. Traubenwicklerbefall, der Sauerwurm, kann toleriert werden.

Auch befallene, zur Verarbeitung bestimmte Trauben dürfen wie gesunde nur bei trockenem Wetter gelesen werden. Befallenes wird sofort am Rebstock ausgeschnitten. Die Trauben kommen locker in Plastikeimer wie sie die Winzer verwenden. Ungeeignet sind jegliche Metallgefäße. Vorteilhaft erfolgt die Verarbeitung noch am selben Tag.

Lagerung von Tafeltrauben

Wenn wir uns auch daran gewöhnt haben, selbst im tiefsten Winter eingeführte Trauben aus Chile oder Südafrika im Angebot zu finden, den richtigen Hobbywinzer reizt es, zu ungewöhnlichen Zeiten mit eigenen Trauben den Gästen aufzuwarten.

Welcher Gartenfreund verzichtet trotz der Reisen nach Italien auf seine Oleanderkübel auf der Terrasse?

Es ist durchaus möglich, Trauben auf längere Zeit zu lagern und aus eigener Ernte seinen Gästen zu Weihnachten Trauben anzubieten.

Welche Voraussetzungen sind nötig?

1. Absolut gesunde, unbeschädigte Trauben.
2. Sorgsame Lese bei trockenem Wetter.
3. Völlig reife Trauben (Trauben gehören zu den nicht nachreifenden Früchten).
4. Festschalige, spät reifende Sorten.
5. Späte Lese bei oder nach dem Laubfall.

Wie sind die Trauben zu lagern?

Die einfachste Methode besteht darin, die Trauben auf Stroh oder Holzwolle in Flachsteigen, mäusesicher, luftig hell und kühl zu lagern. Am besten sind Lagertemperaturen um 2 bis 5 °C geeignet. Wöchentliche Kontrolle auf Grauschimmelbefall ist nötig. Befallene Beeren sind mit spitzer Schere samt Beerenstielchen auszuschneiden.

Günstiger zu beurteilen ist das Aufhängen an Schnüren, da hierbei allseitig Luft an die Trauben gelangen kann. Die Befestigung an der Schnur muss so erfolgen, dass die eintrocknenden Traubenstiele nicht zum Abfallen der Trauben führen. Es hat sich bewährt, einen dünnen Draht spiralförmig um die ganze Länge des Traubenstiels zu wickeln und mit diesem die Traube an die Schnur zu hängen.

Allmählich schrumpfen die Beeren und die Stiele. Den Wasserverlust kann man durch Einlegen in lauwarmes Wasser, ein bis zwei Stunden vor dem Verzehr, etwas ausgleichen. Die Beeren quellen zum Teil wieder auf. Der Staub muss vorher abgespült werden.

Aufwendiger ist es, ein Stück Rebholz (10 bis 15 cm lang) mit abzuschneiden und dieses in ein Gefäß mit Wasser zu stellen. Die Gefäße sind zu verschließen, um Wasserverlust zu vermeiden. Die Schrägstellung ist zu sichern, um das Abknicken der Traubenstiele zu verhindern (siehe Zeichnung rechts).

Es ist zu beachten, dass dafür nur Trauben verwendet werden können, deren Triebe nächstjährig nicht zum Anschnitt benötigt werden. Am besten eignen sich Schnabeltriebe (Triebe des Bogenendes).

Zum Schluss noch ein Tipp für Selbstmacher: Weinbaubetriebe mit Tafeltraubenproduktion lagern diese in Plastikhauben. Gasdichte Hauben auf Normpaletten mit 15 bis 20 % Kohlendioxidanreicherung bei 0 bis 2 °C Lagertemperatur dienen als Hülle. Apparativ ist das natürlich aufwendig, denn es werden CO_2-Messgeräte und -flaschen benötigt, außerdem lebensmittelechtes Kohlendioxid.

Die Lagerdauer beträgt bis zu vier Monate.

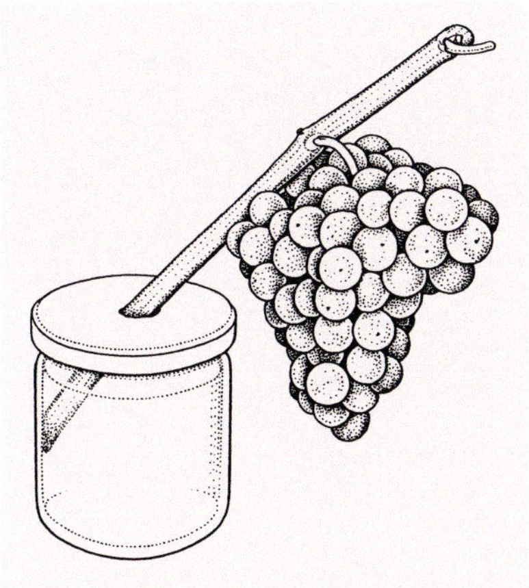

Mit Rebholz in Wasser gestellte Trauben bleiben lange frisch

Most und Wein

Alle Verwertungsmöglichkeiten für Obst gelten prinzipiell auch für Weintrauben: Most, Saft, Marmelade, Konfitüre, Gelee, Federweißer und natürlich Wein. Selbst Weinessig ist denkbar. Bei Konfitüren stören allerdings die relativ großen Kerne, sodass für diesen Zweck nur kernarme oder kernlose Sorten in Frage kommen. Auf eine ausführliche Darstellung der Verwendung wird verzichtet, da es hierzu umfangreiche Literatur gibt.

Lediglich auf den Federweißen und den Wein soll näher eingegangen werden.

Federweißer

Je nach Anbaugebiet wird er u.a. auch Sauser, Bitzler, Rauscher oder Sturm genannt. Für den Hobbywinzer ist er eine willkommene Überraschung zum Gartenfest im Herbst.

Was ist Federweißer?

Federweißer ist ganz einfach gärender Most und erfreut sich in den Weinbaugebieten großer Beliebtheit. Viele Weingüter feiern Federweißerfeste.

Zu seiner Herstellung werden die Trauben gemaischt und sofort gepresst. Den trüben Most lässt man über Nacht in einem möglichst kühlen Raum absitzen, zieht den relativ klaren Most am nächsten Morgen vom Trubdepot ab, setzt Reinzuchthefe (erhältlich im Kellereibedarfshandel, Gartenmarkt) hinzu und stellt ihn warm, aber nicht in die Sonne. Die Temperatur soll 20 bis 25 °C betragen. Nach ein bis drei Tagen gärt der Most. Je nach der gewünschten Süße, was man probieren muss, ist der Federweißer jetzt trinkfertig. Er enthält noch viel Zucker, reichlich Kohlendioxid und 3 bis 5 Vol.-% Alkohol. Muskatbetonte Sorten ergeben besonders würzige Federweißer. Man trinke ihn kühl! Durch Kühlung kann die Gärung verlangsamt werden. Achtung! Gefäße oder Flaschen nicht dicht verschließen (Wattebausch, durchbohrter Korken oder Gärröhrchen), sonst kann man böse Überraschungen erleben.

Federweißer besitzt das volle gesundheitsfördernde „Vitaminprogramm“ der Hefen und wirkt daher wie vitaminreiches Obst. Man beachte aber den Alkoholgehalt, und außerdem in großen Mengen genossen, wirkt er abführend.

Wein

Die Literatur über, zum und vom Wein ist nicht zählbar. Es soll an dieser Stelle kein weiterer umfangreicher

Text hinzugefügt werden. Der Verfasser möchte den Leser anregen, allzu große Ernten auf diese Weise zu verwerten und sich in entsprechender Literatur (siehe weiterführende Literatur, Seite 120) sachkundig zu machen.

Wein aus Tafeltrauben? Jedes zuckerhaltige Obst kann zu Wein verarbeitet werden. Dabei spielen Traditionen eine große Rolle. Denken wir an den seit dem 16. Jahrhundert im Frankfurter Raum gekelterten Apfelwein. Oder an den japanischen Reiswein, Sake, der warm getrunken wird.

Wein aus Tafeltrauben bringt nicht die Weinqualität der Keltersorten. Nur Sorten, die sowohl als auch verwendet werden können, bringen vergleichbare Qualitäten.

Kelterung der Trauben und Ausbau des Weines

Die Trauben werden wie beim Federweißer gemaischt und gepresst. In Ermangelung einer Traubenmühle zum Maischen behilft sich der Gartenfreund mit der „Altvorderenmethode", das heißt, er gibt die Trauben in ein Plastikgefäß und tritt sie mit sauberen Gummistiefeln, bis sich die Beeren von den Stielen gelöst haben. Man beendet das Treten, wenn die Trauben keinen Widerstand mehr leisten und die Maische „flüssig" geworden ist.

Nach dem Pressen (10 kg Trauben ergeben durchschnittlich 7 l Most), bei Kleinstmengen auch mit dem Handpressbeutel, lässt man den Most absitzen, das heißt, der Most bleibt über Nacht in einem möglichst kühlen Raum (um 15 °C) stehen; dabei setzen sich die festen Bestandteile ab, sodass anschließend mittels Schlauch der klarere Teil des Mostes abgezogen werden kann. Der abgezogene Most ist ein hervorragendes Erfrischungsmittel zum Frischverzehr. Der Trub muss gesondert vergoren werden. Nur so können reintönige Weine erzielt werden.

Blaue Trauben für Rotweine sind anders zu bearbeiten. Die gemaischten Trauben werden nicht gepresst, sondern auf der Maische vergoren und anschließend gepresst. Die „Anreicherung" mittels Zucker kann auf die Maische oder nach der Gärung des natürlichen Zuckergehaltes erfolgen.

Um spätere Trübungen zu vermeiden, sollte der Most vor dem Absitzen mit Bentonit (20 g/10 l) geschönt werden. Bentonite sind Tonerden, die Eiweiße absorbieren. Diese Schönung unterstützt das Absitzen.

Moste unter 80° Oe müssen mit Zucker angereichert werden, um keine dünnen und vor allem aber haltbare Weine zu schaffen.

Eine Erhöhung um 1° Oe erzielt man durch Zusatz von ca. 2,5 g Zucker pro Liter. Beispiel: Eine Menge von 15 l Most und 67° Oe soll auf 85° Oe angereichert werden, das ergibt (2,5 (85–67)) × 15 ergibt 675 g Zucker. Dieser Zucker wird in den Most eingerührt, bis er sich vollständig gelöst hat. Achtung: 1 kg Zucker ergibt eine Volumenvergrößerung um 0,7 l!

Der Most kann mit traubeneigenen Hefen vergoren werden – man spricht von Spontangärung, sicherer ist der Zusatz von Reinzuchthefen. Vergoren wird in bis zu vier Fünfteln gefüllten Gefäßen unter Gärröhrchen bei 18 bis 20 °C.

Nach zwei bis drei Wochen ist die Gärung beendet. Dann muss aufgefüllt werden, um den Sauerstoffeinfluss zu minimieren. Das gestaltet sich bei Kleinmengen nicht ganz einfach. Entweder man hat eine Teilmenge in einem kleineren Gefäß vergoren oder verwendet den vergorenen, aber abgesetzten Trubwein. Zur Not kann man auch einen anderen gleichwertigen Wein verwenden. Dem Oxidationsschutz dient die gleichzeitige Zugabe von 100 mg Kaliumdisulfit pro Liter. Das Kaliumdisulfit wird vor der Zugabe in einer kleinen Menge Wein vollständig aufgelöst.

Die Hefe setzt sich alsbald ab. Der Wein klärt sich! Nach weiteren sechs bis acht Wochen erfolgt der erste Abstich und nach nochmals weiteren sechs bis acht Wochen der zweite Abstich. Es wird grundsätzlich geschlaucht. Dabei wird der Gummi-, Plastik- oder Silikonschlauch an einem sauberen Stab mit einem Gummi befestigt und bis knapp oberhalb der Absetzgrenze eingeführt. Das Ansaugen erfolgt vorsichtig, um den Trub nicht aufzuwirbeln. Die Trubmenge beträgt etwa 2 bis 3 %. Auffüllen nicht vergessen!

Der Wein ist jetzt „bauernblank".

Regelmäßige Kontrollen sind notwendig und bereiten Spaß, denn sie bestehen im Probieren. Zur Probennahme haben sich Vollpipetten oder große Einwegspritzen ohne Kanüle aus der Labortechnik bewährt. Weinheber sind meist für den Hobbywinzer zu groß.

Weißweine benötigen bis zum Frühjahr, Rotweine bis zum Sommer, um füllreif zu sein.

Filtration und Konfektionierung
Erfolgt der Verzehr des Weines vom Gefäß, sollte die Gesamtmenge stets portioniert werden, um den schädlichen Sauerstoffeinfluss zu minimieren.

Bei größeren Mengen filtriert man vorteilhafter und füllt auf Flaschen ab. Allerdings bleibt der apparative Aufwand hoch. Im Serviceteil auf Seite 118 ist eine Lieferadresse für solche Filter genannt. Es gibt für den Hobbywinzer Zweischichtenrundfilter. Vor der Filtration sind dem Wein immer zwei bis drei Tage vorher weitere 50 mg Kaliumdisulfit pro Liter hinzuzusetzen. Der Filter ist vor der Filtration mit einigen Litern Wasser durchzuspülen.

Von offenen Spitzfiltern wird abgeraten, da der Sauerstoffeinfluss zu groß ist.

Man kann direkt auf die Flaschen filtrieren; vorteilhafter ist es jedoch, die Gesamtmenge zu filtrieren und anschließend abzufüllen.

Natürlich sind Weinflaschen am stilvollsten, aber, man benötigt nicht immer befriedigende Korken und zumindest einen Handkorker. Am vorteilhaftesten für den Hobbywinzer sind Flaschen mit Anrollverschluss. Mit den Anrollverschlüssen muss aber sorgsam umgegangen werden, um sie wieder verwenden zu können. Die eigene Praxis beweist, dass die betreffenden Flaschen sogar liegend gelagert werden können, obwohl sie keinen Sicherheitsring mehr besitzen. Bierflaschen mit Kronkorkenverschluss eignen sich ebenso; nur benötigt man zusätzlich Kronkorken und einen Kronkorkenhandverschließer. Auch Saftflaschen sind geeignet.

Flaschen mit Anrollverschluss und

Kronkorken können ohne Bedenken stehend gelagert werden.

Natürlich kann man im Spezialhandel Neuflaschen kaufen. Preiswerter ist die Altflasche. Nach dem Genuss einer Flasche Wein die leere Flasche sofort ausspülen. Das erspart langwieriges Einweichen und Ausbürsten. Die Flaschen müssen dann vor der Füllung nur noch in mit Zitronensäure angesäuertem Wasser, dem etwas Kaliumdisulfit zugesetzt wurde, ausgespült werden. Gut abtropfen lassen!

Zur Füllung verwende man den zum Schlauchen benutzten Schlauch! Vorteilhaft ist die Zwischenschaltung eines Absperrhahnes. Um auch hier den Sauerstoffeinfluss zu minimieren, soll der Schlauch so in die Flasche eingeführt werden, dass die Füllung vom Flaschenboden aus erfolgt.

Im Spezialhandel gibt es preiswerte Schrumpfkapseln mit Abrissband. Mit einem leistungsfähigen Fön oder Heißluftgerät lassen sich diese aufschrumpfen.

Im Computerzeitalter kann ein selbstgefertigtes Etikett die Flasche zieren. Auch hierfür gibt es im Spezialhandel Handgeräte. Meist genügt jedoch das Aufkleben von Hand. Dazu ein Tipp aus der eigenen Praxis. Das Etikettieren weniger Flaschen gelingt hervorragend mit den im Bürofachhandel erhältlichen Klebestiften für Papier.

So ist die Freude über den Selbstgemachten bei einer Probe mit Freunden doppelt so groß!

Zum Wohl!

Um sich dabei auch weingerecht unterhalten zu können, nachfolgend noch eine kleine Auswahl der blumigen Weinsprache!

Die alten Lateiner sprachen von COS – Colore, Odore, Sapore – Farbe, Geruch, Geschmack; die Neuzeit hat Nitore – die Klarheit – hinzugefügt.

Nach diesen vier Kriterien werden auch heute noch Weine beurteilt.

Probierräume sollen hell und geruchlos (Rauchen und Parfüm verpönt) sein. Bei Rotwein leistet eine Kerze im Gegenlicht gute Dienste. Als Gläser dienen bei Weißwein tulpenförmige kleinere als beim Rotwein. Sie werden nur zu einem Drittel gefüllt. Die Probiertemperatur beträgt bei Weißwein 8 bis 10 °C und bei Rotwein 16 bis 18 °C. Weine müssen vor der „Ansprache“ geschwenkt werden.

Abgang – die Wirkung auf Zunge und Gaumen, lang oder kurz
aromatisch – nach bestimmten Früchten riechend oder schmeckend
artig – ein sauberer, sortentypischer, aber unauffälliger Wein
bauernhell – unfiltrierter Wein mit einem Schleier
bitter – bei Rotwein geschätzt, bei Weißwein fehlerhaft
blind – leicht trüber Wein
Blume – Geruch des Weines
Böckser – fehlerhafter, nach faulen Eiern riechender oder schmeckender Wein
brandig – Wein mit hervortretendem Alkohol
delikat – Säure und Bukett in angenehmer Harmonie
duftig – Wein mit zartem angenehmem Bukett

dünn – körper- und alkoholarmer Wein
elegant – harmonischer, unaufdringlicher Wein
Firne – heute nicht mehr geschätzte angenehme oder unangenehme Altersnote
frisch – Wein mit schmeckbarer Kohlensäure
fruchtig – sortentypischer Fruchtgeschmack
gärig – Hefeton, meist mit Restsüße
glanzhell – klarer, trubstofffreier Wein
grasig – Wein mit unreifer, unangenehmer Säure
halbtrocken – Wein mit schmeckbarer Restsüße, gesetzlicher Ausdruck für Weine mit einem Restzuckergehalt von 9 bis 18 g/l
herb – Wein mit schmeckbarem Gerbstoffgehalt bei Rotwein; bei Weißwein fehlerhaft für Säure angewendet
hochfarben – Altgoldener, infolge Oxidation durch Alter oder Schwefelmangel fehlerhafter Wein
kernig – körperreicher, kräftiger, nerviger und säurebetonter Wein
Kirchenfenster – Wein mit viel Extrakt; zieht Schlieren am Glas
kratzig – fehlerhafter Wein durch zu viel flüchtige Säure und/oder freie schweflige Säure
lieblich – Wein von angenehmer Art mit viel Restzucker, gesetzlicher Ausdruck für Weine mit einem Restzuckergehalt von 18 bis 45 g/l
Luftgeschmack – Weine, die zu lange im Anbruch standen und fad schmecken; erinnert an Firne
muffig – fehlerhafter Wein, meist nach abgestandener Luft des Kellers riechend
Mundfülle – beim Verkosten hat man das Gefühl, dass der Wein den Mundraum füllt
muskatig – nach Muskat riechender und schmeckender Wein
Nase – saloppe Bezeichnung für den Geruch
ölig – Wein mit viel Glyzerin, das süßlich schmeckt
oxidativ – wie Luftgeschmack anzuwenden; bei manchen Weinen (Sherry, Tokajer) gewollt
perlend – Wein mit sichtbarer Kohlendioxidentbindung
reduktiv – Gegensatz von oxidativ; heute das Ausbauideal für fruchtige Weine
saftig – Reife, mundausfüllende harmonische Säure
süffig – zum Trinken anregender, nicht zu alkoholreicher Wein
süß – Wein mit einem Restzuckergehalt über 45 g/l, gesetzliche Festlegung
trocken – Wein ohne schmeckbaren Restzucker unter 4 g/l oder höchstens 9 g/l bei hoher Säure (Säure +2), gesetzlich geregelt
typisch – Wein in Erwartung des Verkosters, in der erwarteten Sortenart
weinig – ähnlich harmonisch zu verwenden; Wein ohne Fruchtbukett, aber eben „weinig“
wuchtig – schwerer, alkohol- und körperreicher Wein
würzig – Wein, der nach einem Gewürz riecht oder schmeckt
zimtig – ein würziger Geruch bzw. Geschmack, besonders bei reifen Rotweinen gewünscht

... und denken Sie immer daran: „Nur Übung macht den Meister“!

Serviceteil

Erklärung im Text verwendeter Fachbegriffe

Adventivwurzeln	Wurzeln, die sekundär aus Kallus entstehen
Blenden	Ausschneiden der Augen der Unterlage vor dem Veredeln; Abstreifen ausgetriebener Augen
Bogen	Angeschnittener einjähriger Trieb, der heruntergebogen wird
Diaphragma	Holzbrücke am Knoten des einjährigen Holzes
Edelfäule	Befällt der Grauschimmelpilz reife Beeren, kommt es (für Wein) zur qualitätssteigernden Edelfäule
Geschein	Blütenstand der Rebe, der eine Rispe ist
Herbizid	Unkrautbekämpfungsmittel
Kallus	Teilungsfähiges Bildungsgewebe, einzig bei der Veredlung zur Verwachsung befähigt
Kopulation mit Gegenzunge	Veredlungsmethode, bei der gleich starke Partner mit doppeltem Diagonalschnitt besonders innigen und festen Kontakt erhalten
Kordon	Waagerechte oder senkrechte Stammverlängerung, die Bogen, Strecker und Zapfen trägt
Lyrenförmig	Nach der Form des Saiteninstrumentes, geschwungene, hufeisenförmige Gestalt
Meristem	Teilungsfähiges Bildungsgewebe
Metabolismus	Stoffwechselumbau
Oechsle (Oe)	Maßzahl in Deutschland für den Zuckergehalt des Mostes. 1° Oe ist das spezifische Gewicht von 1,001; 100° Oe = 1,100, das entspricht etwa 210 g Zucker
Omegaschnitt	Maschinelle Veredlungsmethode, bei welcher der Schnitt dem griechischen Buchstaben Omega entspricht
Önologie	Lehre vom Herstellen des Weines
Pinzieren	Formierender Grünschnitt
Sauerfäule	Befällt der Grauschimmelpilz unreife Beeren, kommt es zur qualitätsmindernden Sauerfäule

Schlauchen	Um den Wein zu schonen, soll Wein möglichst nur in Schläuchen transportiert werden
Strecker	Angeschnittener einjähriger Trieb mit vier bis sieben Augen
Synergismus	Zusammenwirken von Substanzen, die zu gegenseitiger oder einseitiger Verstärkung führen
Systemische Pflanzenschutzmittel	Werden von der Pflanze aufgenommen und im Saftstrom transportiert
Verrieseln	Vom Winzer gefürchtetes Abstoßen unbefruchteter Blüten, das zu erheblichen Ertragsausfällen führt
Zapfen	Angeschnittener einjähriger Trieb mit ein bis drei Augen

Anschriften von Bodenuntersuchungslabors

Eurofins AUA GmbH
Löbstedter Straße 78
07749 Jena
Tel.: 03641/4649-0
info@aua-jena.de

Institut Koldingen GmbH
Agrolab-Laborgruppe
Breslauer Straße 60
31157 Sarstedt
Tel.: 05066/90193-25
koldingen@agrolab.de

Bodenlabor Ing. B. Riffel
Weinheimer Landstraße 115
55232 Alzey
Tel.: 06731/43859

BOLAB
Obere Langgasse 40
67346 Speyer
Tel.: 06232/6057-0
info@bolap.de

Landwirtschaftliches Technologiezentrum Augustenberg
Nesslerstraße 23–31
76227 Karlsruhe
Tel.: 0721/9468-0
poststelle@ltz.bwl.de

Bayerische Hauptversuchsanstalt für Landwirtschaft
85354 Freising-Weihenstephan
Tel.: 0816/713-381
naetscher@wzw.tum.de

Analytik Institut Rietzler GbR
Schnorrstraße 5a
90471 Nürnberg
Tel.: 0911/868-8227
rauernheimer@rietzler-analytik.de

Suchen Sie ein Labor in der Nähe Ihres Wohnortes, so können Sie auch im Internet nachsehen. Geben Sie dafür bei Google den Begriff „Bodenuntersuchungslabore" ein. Dort finden Sie auch die Probenmethodik.

Anschrift DLR
Dienstleistungszentrum Ländlicher Raum (DLR) Rheinpfalz
Breitenweg 71
67435 Neustadt a.d. Weinstraße
Tel.: 06321/671-1

Weiterführende Literatur

Ambrosi, H., u. a. (1994): Farbatlas Rebsorten, Eugen Ulmer Verlag Stuttgart

Arthold, M. (1929): Handbuch des Weinbaues, A.Hartenleben's Verlag Wien und Leipzig

Betten, R. (1909): Erziehung, Schnitt und Pflege des Weinstockes im kälteren Klima, Verlag der Königlichen Hofbuchdruckerei Trowitzsch&Sohn Frankfurt a. Oder

Babo,A.W.,Mach,E. (1910): Handbuch des Weinbaues und der Kellerwirtschaft, Weinbau Erste Hälfte, Verlagsbuchhandlung Paul Parey Berlin

Bocker, H., u. a. (1978): Lehrbriefreihe Wein und Sekt, Staatliches Getränkekontor Berlin

Federowski, u. a. (1965): Technologie der Wein- und Sektherstellung Teil 1, Ingenieurschule für Lebensmittelindustrie Dippoldiswalde

Förster, F. (1994): Goldriesling, Das Deutsche Weinmagazin 4. Juni Heft 16, Fachverlag Dr. Fraund GmbH Mainz

Goethe, R. (1894):Handbuch der Tafeltraubenkultur, Verlag von Paul Parey Berlin

Gollmick, F., u. a. (1962):Das Weinbuch, VEB Fachbuchverlag Leipzig

Gussek, K.-D., u. a. (1990): BI-Lexikon Der Wein, Bibliographisches Institut Leipzig

Hillebrand, W., u. a. (1972): Taschenbuch der Rebsorten, Fachverlag Dr.Fraund GmbH Mainz

Lauche, W. (1883): Deutsche Pomologie Aprikosen,Pfirsische,Wein, Verlag von Paul Parey Berlin

Leonardt, G. (1954): Weinfachbuch, Fachbuchverlag Leipzig

Müller,K., u. a. (1930): Weinbau-Lexikon, Verlagsbuchhandlung Paul Parey Berlin

Petzold, H. (1970): Tafeltraubenanbau von Rügen bis Römhild, Verband der Kleingärtner, Siedler und Kleintierzüchter

Piaz dal, A.M. (1899): Praktische Anleitung zur Rebencultur im Hausgarten", U.Hartenleben's Verlag, Wien Pest Leipzig

Poenicke, W. (1937): Trauben am Haus - Trauben im Garten, Gartenbauverlag Trowitzsch & Sohn, Frankfurt (Oder)

Posner,G., u. a. (1991): Weinbau Eine Einführung, Deutscher Landwirtschaftsverlag Berlin

Robinson, J. (1987): Reben Trauben Weine, Hallwag Verlag Bern &Stuttgart

Robinson, J. (1996): Rebsorten und ihre Weine, Hallwag Verlag Bern&Stuttgart

Seeliger, R. (o.J.): Der Weinstock am Haus und im Garten und seine Pflege, Verlag Hachmeister & Thal Leipzig

Thiele, K. (1965): Weinbau Anleitung zur Pflanzung und Pflege der Reben, VEB Deutscher Landwirtschaftsverlag Berlin

Thiele, K. (1989): Trauben am Hausspalier, VEB Deutscher Landwirtschaftsverlag Berlin

Ulrich, G. (2013): Hobby-Winzer, Eugen Ulmer KG Stuttgart

Verwendete Literatur

Ambrosi, H., Dettweiler-Münch, E., Rühl, E.H., Schmid, J. und Schumann, F. (1998): Farbatlas Rebsorten. 2. Aufl., Verlag Eugen Ulmer, Stuttgart.

Anonym (2007): Fassadenbegrünung – Systeme für den sicheren Aufstieg. DEGA – Magazin für Entscheider 6, S. 14.

Basler, P. (2003): „Andere" Rebsorten. Verlag Stutz Druck AG, Wädenswil.

Bronner, J.P. (1835): Anweisung zur nützlichsten Anpflanzung der Tafeltrauben und Traubensorten ... Universitätsbuchhandlung C.F. Winter, Heidelberg, Reprint der Schwäbischen Verlagsgesellschaft, Tübingen.

Bundesamt für Verbraucherschutz und Lebensmittelsicherheit (Hrsg., 2007): Pflanzenschutzmittelverzeichnis, Teil 3 „Weinbau". 55. Aufl., Saphir Verlag, Ribbesbüttel.

Eder, J. (2004): Anbau von Tafeltrauben – Hinweise zu rechtlichen Grundlagen. Neustadter Hefte, H. 129, Anhang.

Förster, F. und Krah, A. (2002): Sonnenwände in Sachsen, Deutsches Weinbaujahrbuch 2002, Waldkircher Verlag

Götz, G. (2004): Tafeltraubensorten – Aktuelles Sortiment für die Pfalz mit Ausblick in die Zukunft. Neustadter Hefte, H. 129, S. 23–33.

Gunkel, R. (2004): Fassadenbegrünung – Kletterpflanzen und Klettergerüste. Verlag Eugen Ulmer, Stuttgart.

Hugentobler, B. (2004): Tafeltrauben aus dem Thurgau – ein neues Produkt mit Zukunft. Schweiz. Zeitschrift Obst- und Weinbau 10, 10–12.

Jakob, L. (1991): Taschenbuch der Kellerwirtschaft. 5. Aufl., Fachverlag Dr. Fraund GmbH, Mainz.

Louis, F., Ipach, R. und Harms, M. (2004): Erweiterte Pflanzenschutzmittelauswahl für Tafeltraubenanbau. Neustadter Hefte, H. 129, S. 35–48.

Nack, C. (2002): Der Weinstock im Garten. Augustus Verlag, München.

Ollig, W. (2004): Lagerung von Tafeltrauben in Praxisbetrieben. Neustadter Hefte, H. 129, Anhang.

Ollig, W. (2004): Vermarktungsnormen Tafeltrauben. Neustadter Hefte, H. 129, Anhang.

Sortenliste der Rebschule Schmidt (2015), Obernbreit

Sortenliste der Rebschule Steinmann (2015), Sommerhausen

Sortenliste Wolf's Reben (2015), Bad Dürkheim

Souci, S.W., Fachmann, W. und Kraut, H. (1981): Die Zusammensetzung der Lebensmittel. Wissenschaftliche Verlags GmbH, Stuttgart.

Taraba, S. (2007): Fassadenbegrünung mit Wein – Vitis als Spalierpflanze. DEGA – Magazin für Entscheider 6, S. 10.

Ulrich, G. (2006): Hobby-Winzer, 3. Aufl., Verlag Eugen Ulmer, Stuttgart.

Vogel, W. (2008): Wein aus eigenem Keller. 8. Aufl., Verlag Eugen Ulmer, Stuttgart.

Zink, M., Eder, J. und Schropp, A. (2006): Im Test: neue Pfropfkombinationen. Der Deutsche Weinbau Nr. 25–26, S. 18–22.

Register

Bildquellen

Fotos:
Bildagentur Waldhäusl/PantherMedia/Grischa Georgiew: Seite 1, 100/101
Bildagentur Waldhäusl/PantherMedia/Jürgen Humbert: Seite 54/55
Dr. Volker Jörger: Seite 23, 27or, 27ur, 28, 29ur, 30
Häberli Fruchtpflanzen AG, CH 9315 Neukirch-Egnach: Seite 24, 25ul, 27ol
Helga Buchter-Weisbrodt, Rödersheim: Seite 25or, 25ol, 25ul, 29or, 29ol, 29ul, 86l, 87
mauritius images: Seite 41
Hans Reinhard, Heiligkreuzsteinach: Seite 11, 15, 60, 73, 95
Rolaks/Shutterstock.com: Titelbild
Heinz Schrempp, Breisach: Seite 63 (beide)
Siegfried Stein, Vastorf: Seite 34 (beide)

Alle übrigen Fotos stammen vom Autor Gerd Ulrich.

Zeichnungen:
Die Zeichnungen auf den Seiten 33, 36, 42, 45, 48, 50, 62, 64, 65, 70, 71, 74, 75 und 78 wurden von Piotr Gusta nach Angaben des Autors Gerd Ulrich gefertigt.
Die Zeichnungen auf den Seiten 43, 59 und 66/67 fertigte Herr Siegfried Lokau an, ebenfalls nach Angaben des Autors Gerd Ulrich.
Die Zeichnung auf Seite 109 wurde von Herrn Ernst Halwaß, Nossen, nach Angaben des Autors Gerd Ulrich gezeichnet.

Impressum

Bibliografische Information der Deutschen Nationalbibliothek
Die Deutsche Nationalbibliothek verzeichnet diese Publikation in der Deutschen Nationalbibliografie; detaillierte bibliografische Daten sind im Internet über http://dnb.d-nb.de abrufbar.

Wollgrasweg 41, 70599 Stuttgart (Hohenheim)
E-Mail: info@ulmer.de
Internet: www.ulmer-verlag.de
Lektorat: Dr. Angelika Jansen, Helen Haas
Herstellung: Rebecca Barth, Annemarie Kühner
Umschlagentwurf: Verlag Eugen Ulmer
Satz: r&p digitale medien, Echterdingen
Druck und Bindung: Firmengruppe APPL/aprinta druck, Wemding
Printed in Germany

ISBN 978-3-8001-8456-9

Alte Obstsorten in Wort und Bild

- **290 alte Obstsorten in sortentypischen Fotos und mit detaillierten Beschreibungen**
- **Informativ und anschaulich**
- **Kompaktes Wissen**

In diesem Buch wird Ihnen eine Auswahl von obstbaulich und pomologisch wertvollen alten Obstsorten vorgestellt. Sortentypische Bilder und detaillierte Schnittbilder beim Apfel, Abbildungen der Steine bei Pflaumen und Zwetschen in Originalgröße, Abbildungen der Kerne von Tafelbirnen in Originalgröße sowie wichtige Unterscheidungsmerkmale helfen Ihnen, die alten Obstsorten zu bestimmen. Außerdem finden Sie wichtige Hinweise auf Krankheitsanfälligkeit, Standortansprüche, Ertragsleistung und Verwertungseigenschaften der alten Obstsorten.

Farbatlas Alte Obstsorten. Walter Hartmann. 5., erweiterte Auflage 2015. 336 Seiten, 530 Farbfotos, 7 Zeichnungen, geb. ISBN 978-3-8001-0316-4.

www.ulmer.de Ulmer